TERESA de ÁVILA

Mística e andarilha de Deus

COLEÇÃO: **LUZ DO MUNDO**

- *Antônio: palavras de fogo, vida de luz* – Madeline Pecora Nugent
- *Camilo de Lellis: "Mais coração nas mãos!"* – Mario Spinelli
- *Charles de Foucauld: o irmãozinho de Jesus* – Jean-François Six
- *Francisco de Paula Victor: apóstolo da caridade* – Gaetano Passarelli
- *Irmã Dulce: o anjo bom da Bahia* – Gaetano Passarelli
- *Irmão Roger de Taizé: uma esperança viva* – Christian Feldmann
- *João Leão Dehon: o profeta do verbo ir* – Pe. Zezinho, scj
- *Lindalva Justo de Oliveira: a bem-aventurada Filha da Caridade* – Gaetano Passarelli
- *Nhá Chica, perfume de rosa: vida de Francisca de Paula de Jesus* – Gaetano Passarelli
- *Paulo: apóstolo dos gentios* – Rinaldo Fabris
- *Rita de Cássia: a santa dos casos impossíveis* – Franco Cuomo
- *Santa Mônica: modelo de vida familiar* – Giovanni Falbo
- *Santo Agostinho: a aventura da graça e da caridade* – Giuliano Vigini
- *Teresa de Ávila: mística e andarilha de Deus* – Bernard Sesé
- *Teresa de Calcutá: uma mística entre o Oriente e o Ocidente* – Gloria Germani

Bernard Sesé

TERESA de ÁVILA

Místlca e andarilha de Deus

Paulinas

Dados Internacionais de Catalogação na Publicação (CIP)
(Câmara Brasileira do Livro, SP, Brasil)

Sesé, Bernard
  Teresa de Ávila : mística e andarilha de Deus / Bernard Sesé ;
[tradução Joana da Cruz]. – 1. ed. – São Paulo : Paulinas, 2008. – (Coleção luz do mundo)

  Título original: Petite vie de Thérèse d'Avila
  Bibliografia
  ISBN 2-220-03224-8 (ed. original)
  ISBN 978-85-356-2155-6

  1. Santos cristãos - Biografia   2. Teresa, de Ávila, 1515-1582   I. Título.   II. Série.

07-9192   CDD-282.092

Índice para catálogo sistemático:
1. Santas : Igreja Católica : Biografia e obra   282.092

Título original: *Petite vie de Thérèse D'Avila*
© Desclée de Brouwer, 1991

Direção-geral: *Flávia Reginatto*
Editora responsável: *Luzia M. de Oliveira Sena*
Assistente de edição: *Andréia Schweitzer*
Tradução: *Joana da Cruz, ocd*
Copidesque: *Anoar Jarbas Provenzi*
Coordenação de revisão: *Marina Mendonça*
Revisão: *Ruth Mitzuie Kluska*
Direção de arte: *Irmã Cipriani*
Gerente de produção: *Felício Calegaro Neto*
Capa e editoração eletrônica: *Manuel Rebelato Miramontes*
Fotos: *M. A. Haussièttre*

1ª edição – 2008
6ª reimpressão – 2024

Nenhuma parte desta obra poderá ser reproduzida ou transmitida por qualquer forma e/ou quaisquer meios (eletrônico ou mecânico, incluindo fotocópia e gravação) ou arquivada em qualquer sistema de banco de dados sem permissão escrita da Editora. Direitos reservados.

Cadastre-se e receba nossas informações
paulinas.com.br
Telemarketing e SAC: 0800-7010081

Paulinas
Rua Dona Inácia Uchoa, 62
04110-020 – São Paulo – SP (Brasil)
📞 (11) 2125-3700
✉ editora@paulinas.com.br
© Pia Sociedade Filhas de São Paulo – São Paulo, 2008

ABREVIATURAS

As citações de santa Teresa de Ávila foram tiradas de: Santa Teresa de Jesus. *Obras completas*. São Paulo, Loyola, 1995.

Caminho	*Caminho de perfeição*. O primeiro número indica o capítulo; o segundo, o parágrafo.
Cartas	*Cartas*. O número indica simplesmente a carta.
Castelo	*Castelo interior*. O primeiro número indica a morada; o segundo, o capítulo; o terceiro, o parágrafo.
Conceitos	*Conceitos do amor de Deus*. O primeiro número indica o capítulo; o segundo, o parágrafo.
Exclamações	*Exclamações*. O primeiro número indica a exclamação; o segundo, o parágrafo.
Fundações	*Livro das fundações*. O primeiro número indica o capítulo; o segundo, o parágrafo.
Poesias	*Poesias*. O número indica simplesmente a poesia.
Relações	*Relações*. O primeiro número indica a relação; o segundo, o parágrafo.
Vida	*Livro da vida*. O primeiro número indica o capítulo; o segundo, o parágrafo.

PREFÁCIO

Sua pequena vida de João da Cruz[1] foi lançada com tamanho sucesso, que Bernard Sesé voltou a fazer o mesmo com esta pequena vida de Teresa de Ávila. Conhecedor do século XVI espanhol e entusiasta da espiritualidade carmelitana, ele, de fato, era a pessoa indicada para traçar e situar o retrato da fundadora da Reforma do Carmelo.

O leitor vai encontrar neste livro as mesmas qualidades que acompanharam a evocação calorosa e precisa da vida de João da Cruz. A narrativa é viva e fácil. Estabelece uma relação simples, de igual para igual, com essa mulher realmente excepcional que marcou a história da Igreja na viva tradição do Carmelo. Traz as indicações elementares para a leitura dos escritos da Mãe dos espirituais, que se tornou, em nossos tempos, a primeira mulher doutora da Igreja.

Será que eu poderia me permitir uma reflexão de maior intimidade? Para quem é assíduo à leitura de seus escritos, Teresa de Ávila se chama Teresa de Jesus. Criou-se o hábito de chamar Teresa de Ávila aquela que, para Cristo e para toda a Igreja, se chama verdadeiramente Teresa de Jesus. No início do século XX, o brilho excepcional na França e no mundo da carmelita de Lisieux, herdeira do mesmo nome, irmã Teresa do Menino Jesus, forçou essa cognominação para as distinguir. E isso não se deu sem que, algumas vezes, se ocultasse a própria existência daquela que é a mãe, Teresa de Jesus. O ano do quarto centenário de sua morte suscitou o desejo,

---

[1] *João da Cruz*; pequena biografia. São Paulo, Paulinas, 1994. (N.T.)

formulado pelo papa João Paulo II, de lhe fazer reencontrar seu verdadeiro nome. Mas levará algum tempo. Como o autor mesmo o afirma, Teresa talvez não tenha nascido em Ávila, e seu corpo, ou aquilo que dele resta, repousa em Alba de Tormes, onde ela deixou esta vida depois de ter marcado um número considerável de cidades, sobretudo através da obra de suas fundações.

O homem contemporâneo poderá facilmente colocar este livrinho em seu bolso e levá-lo em suas viagens, as quais nem sempre têm como meta imediata a fundação de focos do Evangelho. A obra o ajudará a crescer na busca daquilo que, finalmente, deve bastar às pessoas de todos os tempos: Deus.

Dominique Poirot
Carmelita descalço

PRÓLOGO

Na Espanha de Carlos V (1517-1556) e de Filipe II (1556-1598), a desordem e o furor chegaram ao auge no interior do reino: revolta das comunidades de Castela e das irmandades de Valência, polêmicas sobre a conquista da América, autos-de-fé contra os protestantes, perseguições dos hereges, levante dos mouros, processo de Antonio Pérez, anexação de Portugal, problemas em Aragão... E, para além das fronteiras, a mesma coisa: guerras com a França, guerra na Itália, saque de Roma, guerra contra os protestantes da Alemanha, guerras contra os turcos, revoltas nos Países Baixos, batalha de Lepanto, derrota da Invencível Armada...

Sobre esse afresco de cores fortes, passa uma silhueta, em seu hábito de religiosa, revestida com sua capa, rodeada de algumas companheiras e companheiros fiéis, indo de cidade em cidade, sobretudo em Castela e na Andaluzia, para fundar novos conventos da Ordem do Carmelo. O Concílio de Trento (1545-1564) acaba de se encerrar. Toda a cristandade se reorganiza, então, em função das decisões dele. Essa simples religiosa é levada também pelas correntes espirituais de sua época. Contudo, um impulso interior, mais que irresistível, arrasta a fundadora pelos difíceis caminhos e pelas horríveis hospedarias da Espanha do século XVI, onde a estrondosa fortuna de alguns contrasta com a miséria da maioria. *Siglo de oro, siglo de hierro*; século de ouro, século de ferro, de grilhões, poderíamos dizer.

Na perspectiva da História, a silhueta "inquieta e errante" — como diziam seus detratores — daquela que se tornou santa Teresa de Jesus cresceu e desde então se impõe como uma das maiores figuras de seu tempo.

"Há muitas formas para trilhar o caminho do espírito [...]" (*Fundações* 5,1), declara Teresa. Recolocada em sua época, podemos ver melhor como a aventura mística de Teresa de Ávila, ao mesmo tempo que lança raízes na realidade imediata, muitas vezes difícil, também constantemente dela se desapega por meio desse vôo do espírito ou da alma que evoca nas *Moradas* ou *Castelo interior* e que parece arrancá-la do tempo para encontrar-se com a eternidade.

Beatificada em 1602, canonizada por Gregório XV em 1622, santa Teresa de Jesus (chamada também de Teresa de Ávila) foi declarada "doutora da Igreja" por Paulo VI, em 1970.

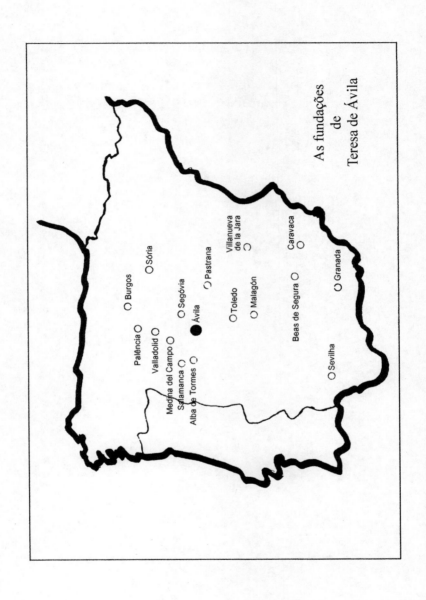

Capítulo 1

1515-1535

Teresa de Cepeda y Ahumada nasceu no dia 28 de março de 1515. Seu batismo ocorreu uma semana mais tarde, no dia 4 de abril, em Ávila, na igreja de San Juan, perto da Plaza Mayor. No mesmo dia de seu nascimento, foi inaugurado nas cercanias da cidade um convento de carmelitas da Regra mitigada, o mosteiro da Encarnação.

A mais de mil e cem metros acima do nível do mar, Ávila é um dos pontos altos de Castela. Deve seu cognome *Avila de los Caballeros* à coragem de que deram provas os cavaleiros avilenses nas grandes vitórias que, nos séculos XIII e XIV, marcaram o avanço da Reconquista nos territórios ocupados pelos mouros. Ainda próspera no século XV, a cidade perdeu seu esplendor no tempo de Carlos V, quando a corte se transferiu para Toledo. A delimitação de muralhas com torres salientes, construídas desde o século XI, a catedral fortificada, concluída no século XIV, seus palácios, suas igrejas e seus conventos dão a Ávila seu duplo e tão fortemente marcado caráter de cidade tanto guerreira como mística, característica que conserva até hoje, em sua pacífica tranqüilidade, longe da agitação industrial ou comercial, da qual não participa.

O nascimento de Teresa se deu nessa cidade à qual seu nome está para sempre ligado ou em Gotarrendura, pequena aldeia dos arredores, onde seus pais tinham uma propriedade? A segunda hipótese parece mais provável.

Seu pai, Alonso Sánchez de Cepeda, nasceu em Toledo. Em sua autobiografia, Teresa descreve-o com algumas palavras: piedoso, amante dos bons livros, caridoso e compassivo, "era de extrema honestidade" (*Vida* 1,1). Não diz que seu avô Juan Sánchez de Toledo era um judeu convertido (*converso*). Com efeito, esse comerciante de Toledo voltou à religião de seus ancestrais, o que lhe valeu ser perseguido pela Inquisição por heresia e apostasia. Para fugir da infâmia, Juan Sánchez estabeleceu-se em Ávila. Teresa tampouco diz alguma coisa sobre o longo processo que acabou por proporcionar, quando ela era apenas uma menina, o título de nobreza ao qual pretendiam dom Alonso e seus irmãos, apesar de sua ascendência judia. Grandes somas de dinheiro, importantes apoios contribuíram para o desenlace final do processo: dom Alonso obteve o direito ao título de *hidalgo* (fidalgo), tão cobiçado, pois assegurava na sociedade uma posição na qual se podia reivindicar a honra (*la honra*).

Alonso Sánchez de Cepeda, uma vez viúvo, desposou com trinta anos uma jovem moça da nobreza avilense, Beatriz de Ahumada. Aos dois filhos do primeiro matrimônio, juntaram-se, no correr dos anos, outros dez. "Minha mãe também tinha muitas virtudes [...]. Grandíssima honestidade!" (*Vida* 1,2).

O lar onde Teresa passou sua infância encontrava-se na Plazuela de Santo Domingo, na frente da igreja de estilo românico de Santo Domingo. Perto, o palácio do vice-rei Núñez Vela, o palácio do duque de la Roca e, mais além, a Casa de Polentinos com o belo portal plateresco e outras casas com varandas de ferro batido sugerem o cenário altaneiro que ela conheceu em seus primeiros anos.

Ávila: vitral da casa natal de Teresa.

Teresa narra sua infância nessa família numerosa e de crianças inquietas. Com Rodrigo, seu irmão preferido, lê a vida de santos; com ele, entusiasma-se diante da idéia de se tornar mártir, indo "para a terra dos mouros, pedindo pelo amor de Deus que nos decapitassem" (*Vida* 1,4). Trata-se de ganhar o céu "para sempre, sempre, sempre" (*Vida* 1,4), como ela afirma. Esse desejo do absoluto não mais a deixará. Por ora, ele a arrasta, em companhia de Rodrigo, pelos caminhos de Salamanca, até passar a ponte do rio Adaja. Depressa alcançadas, reconduzidas à casa e, sem dúvida, devidamente repreendidas, as duas crianças compensaram sua derrota construindo na horta "ermidas, amontoando pedregulhos, que logo vinham abaixo" (*Vida* 1,5). Seu ideal de vida cenobítica também desmoronou. Teresa, então, teve a idéia de, vestida de monja, colocar-se à frente de uma Ordem religiosa que ela inventara.

Essas brincadeiras refletem, sem dúvida, a atmosfera piedosa e austera na qual dom Alonso e dona Beatriz buscavam educar seus nove filhos e suas três filhas, ajudados nessa tarefa pelas criadas e criados que habitavam na grande casa. No entanto, dom Alonso recusava-se, por caridade, a ter escravos a seu serviço, costume freqüente na época.

Dona Beatriz, que se casou com menos de quinze anos, bela e delicada, parece ter tido sempre uma saúde frágil. Vestida de negro, prematuramente envelhecida, esgotada por suas maternidades, tinha, contudo, a imaginação viva. Teresa partilha seu gosto pelos romances de cavalaria, a cuja leitura elas consagram longas horas, para o grande desgosto de dom Alonso, que era dado, por sua vez, a leituras edificantes como a vida dos santos, as obras de Sêneca ou a *Consolação* de Boécio.

Depois do nascimento de seu último bebê, a menina Juana, dona Beatriz precisou permanecer na casa de Gotarrendura para recobrar as forças. No dia 24 de novembro de 1528, ela redige seu testamento. Morreu pouco tempo depois. Teresa tem catorze anos. Está desesperada: "Quando comecei a perceber o que havia perdido, ia aflita a uma imagem de Nossa Senhora e suplicava-lhe, com muitas lágrimas, que fosse ela a minha mãe. Parece-me que, embora o fizesse com simplicidade, isso me tem valido; porque reconhecidamente tenho encontrado essa Virgem soberana sempre que me encomendo a ela e, enfim, voltou a atrair-me a si" (*Vida* 1,7). A cena, sem dúvida, aconteceu no eremitério de San Lázaro. A estátua à qual se dirigiu a súplica encontra-se hoje na catedral de Ávila.

* * *

Teresa, agora, é uma jovem moça. Sua personalidade se transforma e se afirma. Sua imaginação, que sempre será viva, inflama-se com a leitura dos livros de cavalaria. As façanhas dos cavaleiros da Távola Redonda, de Lancelote do Lago, de Palmerin da Inglaterra ou de Amadis de Gaula inspiram a tal ponto a jovem leitora que chegam a suscitar em seu espírito o nascimento de um novo herói: *o Cavaleiro de Ávila*. Tal era o título da narrativa que ela começou a escrever com seu irmão Rodrigo e que terminaria sozinha. Esse livro, sem dúvida, causou a admiração do círculo familiar, mas dele não restou senão o título. Contudo, não só essas leituras, mas também seu próprio romance impregnam de tal maneira o espírito de Teresa que, muitas vezes, podemos encontrar em seus escritos os ecos e reminiscências deles.

Frei Luis de León, que publica a primeira edição das obras de Teresa de Ávila depois de sua morte, declara que, em sua juventude, "ela prendia e cativava todos os corações" (*allegaba y cautivaba cuantos corazones trataba*). Sempre conservou este dom de agradar. Luis de León prossegue assim seu retrato: "Com efeito, certa pessoa que a conheceu por muito tempo me diz que ninguém tratava com ela sem ficar seduzido; e que, menina ou jovem moça, no mundo ou na vida religiosa, reformada ou antes de se reformar, ela foi, com relação a todos que a viam, como o ímã em relação ao ferro; que a atenção e o atrativo de sua pessoa, sua maneira discreta de falar e o doce caráter de honestidade das suas maneiras embelezavam-na de tal forma que o profano e o santo, o libertino e o homem piedoso, os mais idosos e os mais jovens, sem que ela jamais se afastasse daquilo que lhe devia a si mesma, ficavam como que seus prisioneiros e cativos, pois nessas qualidades naturais, como em terra fértil e bem cultivada, enraizou-se a seguir, firme e profundamente, a graça que ela recebeu no batismo, de modo que, desde sua mais tenra idade, testemunhou bem claramente aquilo que mais tarde manifestou"[1].

Namoricos, galanterias, seduções... Eis o segundo aspecto dessa adolescente apaixonada que podemos evocar no ambiente de uma antiga cidade castelhana onde a mentalidade, os costumes, a hierarquia social ainda guardavam fortemente o cunho medieval. "Comecei a enfeitar-me e a querer agradar com a boa aparência, a cuidar muito das mãos e dos cabelos, usando perfumes e entregando-me a todas as vaidades. E eram muitas as vaidades, porque eu era muito exigente. Não tinha má intenção, não desejava que alguém ofendesse a Deus por minha causa. Durou muitos anos esse requinte demasiado, ao lado de outras coisas que não me pareciam pecado. E agora vejo que mal deviam trazer" (*Vida* 2,2).

Ao sabor do jogo do amor e do acaso, Teresa se deixa prender. Irmãos, irmãs, primos, primas, companheiros ou companheiras, criados e criados: no turbilhão desse pequeno mundo, a jovem é levada pelo seu ardor de viver. Arrastada pelo exemplo de uma prima frívola, com quem sua mãe esforçava-se em lhe evitar o relacionamento, bem como pelo de uma outra "que gostava do mesmo tipo de passatempo" (*Vida* 2,4), Teresa sente que seu coração se inflama com a assiduidade de um primo: "Eu não me entregava a pecados graves, porque não gostava, por natureza, de coisas desonestas, mas me dedicava a conversas agradáveis — o que não impedia que eu estivesse em perigo, exposta a situações arriscadas, expondo a elas também meu pai e meus irmãos" (*Vida* 2,6).

---

[1] Frei Luis de León começou a escrever uma obra sobre Teresa de Jesus que ficou inacabada. Cf. *Obras completas castellanas*. Madrid, BAC, 1951. v. 1, p. 922.

Teresa não comenta quase mais nada a esse respeito. Se a isso se refere com meias-palavras e com um excesso de escrúpulos, é o suficiente, no entanto, para pensarmos que a aventura foi mais que um simples amorzinho. A honra, naquela época, tinha exigências tão constrangedoras que o pai ou os irmãos deviam velar por sua esposa ou irmã. Eis o que explica a alusão de Teresa. Isso também explica a decisão de dom Alonso de assegurar à sua filha um círculo de amizades mais propício à educação de uma moça de boa família. Ele a coloca como interna no convento das agostinianas de Nossa Senhora da Graça. A adaptação se dá rapidamente: "[...] depois de oito dias no mosteiro, talvez antes, eu estava muito mais feliz que na casa de meu pai. Todas estavam satisfeitas comigo, pois o Senhor me concedeu a graça de agradar a todos onde quer que eu estivesse, sendo assim muito querida" (*Vida* 2,8).

Tudo isso aconteceu por volta do mês de julho de 1531. Teresa tem pouco mais de dezesseis anos. Ao abrigo da clausura que a protege das tentações do exterior, ela se agrada na companhia das religiosas, "muito honestas, fervorosas e recatadas"; mas, apesar disso, ela confessa: "[...] desgostava-me a idéia de tornar-me monja" (*Vida* 2,8).

A influência de uma religiosa foi decisiva sobre Teresa. Essa monja, María de Briceño y Contreras, contou-lhe a história de sua própria vocação determinada pela leitura do evangelho, em especial o versículo que diz: "Muitos são os chamados e poucos os escolhidos". A amizade de María de Briceño reanimou em Teresa, como ela testemunha, o "desejo das coisas eternas" (*Vida* 3,1), mas sem chegar ainda a inspirar-lhe a idéia de entrar para a vida religiosa. Seguindo seu exemplo, ela, contudo, se põe a fazer muita oração vocal.

Teresa tem agora dezessete anos. A família começa a se separar. Em 1531, sua irmã María casa-se e instala-se, com seu marido, Martín Guzmán de Barrientos, numa aldeia, Castellanos de la Cañada, não longe de Ávila. Um de seus irmãos, Fernando, partiu em 1530 para o Peru, a fim de aí combater ao lado de Pizarro. Rodrigo o seguirá em 1535.

Mas qual é a "grave doença" que então atinge Teresa? Ela mesma não diz nada de preciso com relação a isso, salvo que foi necessário retornar para a casa de seu pai. Desde então, a longa série de enfermidades não mais se interromperá. Teresa é enviada em convalescença para junto de sua irmã María. No caminho, detém-se por alguns dias numa pequena aldeia, Hortigosa, na casa de seu tio Pedro Sánchez de Cepeda, "pessoa muito experiente, muito virtuosa, viúvo; ele estava sendo preparado pelo Senhor para seu serviço. Tendo deixado tudo o que tinha em idade avançada, abraçou a vida religiosa [...]. Ele costumava dedicar-se à leitura de bons livros em castelhano e de modo geral falava sobre Deus e a vaidade do mundo [...]. Fiquei poucos dias na casa desse meu tio. A força das palavras de Deus, tanto lidas como ouvidas, e a boa companhia me fizeram compreender as verdades que entendera quando menina: a inutilidade de tudo o que há no mundo, a vaidade existente neste, a rapidez com que tudo acaba. Passei a pensar e a temer que talvez fosse para o inferno caso morresse naquele momento. Apesar de minha vontade de ser monja não ser absoluta, percebi ser essa a condição melhor e mais segura; e, assim, aos poucos, decidi forçar-me a abraçá-la" (*Vida* 3,4-5).

Tal como em são João da Cruz, existe em Teresa a intuição aguda da vaidade de todas as coisas. Ela percebe de maneira intensa que o desejo de absoluto que persegue o coração de todo homem não pode ser saciado senão pelo

Ser Absoluto. A angústia do inferno — do qual, um dia, ela terá a visão terrificante — permanece nela como um temor constante. Tanto para si como para os outros, não deixará de evocar essa ameaça. Compreendida e expressa segundo a linguagem da época, trata-se da viva consciência de que o inferno é o risco da liberdade, ou sua contrapartida, mais do que uma queda ou uma maldição como alguns o crêem. Enfim, nessas linhas, pode-se ver que a vontade desempenhou um papel essencial na vocação ou no destino de Teresa.

A crise dura três anos. Teresa lê as *Cartas* de são Jerônimo, que a iluminam. Por fim, decide-se: ela tomará o hábito. Mas dom Alonso opõe-se. Todos os seus filhos já deixaram a casa paterna. Um participa nas guerras da Itália. Os outros, tornando-se conquistadores, tomam parte na conquista do México, do Peru, do Chile. María se casou. Junto dele não há senão Teresa, que toma conta de sua irmã menor, Juana. Podemos compreender sua recusa para deixar partir a filha preferida. Mas, uma vez a decisão tomada, nada a prende.

Enquanto a infância e a juventude de Teresa decorrem assim, muitos acontecimentos sobrevêm na Espanha. Notemos que em sua autobiografia, curiosamente, Teresa não comenta nada sobre esses acontecimentos: a morte de Ferdinando, o Católico (1516); a regência de Cisneros; os primórdios do reino de Carlos V marcados pela revolta das Comunidades, cruelmente reprimidas (1521); as conquistas além-mar; as guerras com a França; as ameaças da expansão do Império Otomano; as guerras na Itália; o saque de Roma (1527). Em 1529, os turcos estão às portas de Viena. Em 1530, o papa Clemente VII coroa Carlos V em Bolonha. Em 1531, consuma-se a ruptura de Henrique VIII com Roma. Todos esses fatos estão bem distantes para Teresa. Mas ela tampouco comenta outros acontecimentos dos quais, sem dúvida, foi testemunha direta, como, por exemplo, as faustosas festas oferecidas em Ávila, no ano de 1531, quando da passagem do infante Filipe II pela cidade ou, alguns anos mais tarde, em 1534, a recepção feita a Carlos V pelos avilenses.

A Espanha desse primeiro terço do século XVI conhece também uma grande efervescência intelectual e espiritual. Tomas More, Luis Vives, Erasmo: essas três grandes figuras do humanismo europeu deram o impulso às novas idéias. Na Espanha, o movimento da Reforma católica ortodoxa já apareceu sob o particular estímulo de Cisneros, franciscano, e de frei Tomás de Villanueva. As idéias de Erasmo se espalharam, apesar da oposição da assembléia ocorrida em Valladolid em 1527. Mas, muitas vezes, confunde-se sua doutrina, injustamente, com a de Lutero, e tanto um como outro serão suspeitos de heresia. A esse grande elã da *devotio moderna* soma-se, vinda da Idade Média, a corrente dos alumbrados, adeptos da oração mental, da contemplação silenciosa, da religião interior.

Convém precisar certos aspectos desse iluminismo do qual Teresa muitas vezes será suspeita. Como os luteranos ou os calvinistas, os alumbrados se insurgem contra o excesso do culto exterior, em que exagero cerimonial chega a tolher o espírito de fé ou de adoração. Em contraposição a isso, certos iluminados encaminham-se para o excesso oposto até se abandonarem, sem nenhuma restrição, aos eflúvios divinos. Esses *dejados*, que se deixam levar como palhas sem valor pelos impulsos do Espírito, ou esses *recogidos*, tão cheios de devoção a ponto de acreditarem que é conveniente se dispensar das obras, suscitaram um movimento em que, na maior confusão dos espíritos, bruxarias e misticismo, êxtases e divagações, simulações e desmaios floresceram ou se alastraram a tal ponto que a Inquisição, sem distinguir muito o joio do trigo, meteu tudo num mesmo saco e os reprimiu sem poupar ninguém.

São João de Ávila
(1499-1569)

Depois dos estudos em Salamanca e em Alcalá de Henares, ordenado sacerdote, ele quis partir como missionário para o Novo Mundo, mas aceitou, a pedido de seu bispo, exercer seu ministério na Andaluzia. Em virtude de sua incessante atividade de pregador, de suas fundações de colégios e seu papel na organização da universidade de Baeza, mereceu a alcunha de "apóstolo da Andaluzia". Exerceu uma influência espiritual junto de numerosíssimas pessoas, em especial de João de Deus e Francisco de Borja. Além de diversos sermões e de numerosas cartas, escreveu uma obra intitulada Audi, filia *(1566). Esse tratado de ascética e mística convida a alma a não escutar senão a voz do seu Esposo, Cristo, fonte de toda união com Deus. A ele é também atribuída uma tradução (1536) da* Imitação de Cristo. *Sob os conselhos do inquisidor Francisco de Soto y Salazar, santa Teresa lhe enviou uma cópia da narração de sua vida: "[...] era homem que muito entendia de oração [...], ele lhe escreveu e a tranqüilizou muito"* (Relações 4,5). *João de Ávila foi canonizado em 1970.*

Os maiores espirituais da época sofreram suspeitas de iluminismo: João de Ávila, Inácio de Loyola, Luís de Granada, Francisco de Osuna, Bernardino de Laredo, Diego de Estella. É verdade que entre as crenças dos iluminados e a doutrina de todos esses autores espirituais ou místicos, sem excetuar Teresa de Ávila e João da Cruz, há muitos pontos comuns: a prioridade dada à inspiração do Espírito Santo, o culto em espírito e verdade, o sentimento agudo da vaidade e do nada das coisas do mundo, as inflamadas efusões de amor pelo Esposo da alma, a prática da oração mental desde a oração de quietude até mesmo o êxtase puro ou o arrebatamento. Aquilo que distingue, porém, uns dos outros é, de um lado, a importância dada às obras como testemunho de fé — fé sem obras é fé morta (*Fe sin obras es fe muerta*), relembra um adágio espanhol difundido na época — e, de outro, a fidelidade proclamada à Igreja Católica e a seu chefe temporal, o papa. O próprio João da Cruz se deixou enganar por uma iluminada, Juana Calancha, em Beas de Segura. Acreditou na autenticidade de suas visões. A impostura foi descoberta e a falsa mística sofreu um processo da Inquisição. Teresa sempre se manteve alerta diante do perigo dessas confusões.

Capítulo 2

1535-1543

Teresa tem vinte e um anos. Sua decisão está tomada. É no convento das carmelitas mitigadas da Encarnação que vai pedir sua admissão.

Estamos em 1536. Naquele ano a guerra novamente estoura entre Carlos V e Francisco I. No curso dessa guerra, um jovem capitão de trinta e três anos, Garcilaso de la Veja, cuja obra literária está destinada a uma glória excepcional, encontrará a morte. O rei da França faz aliança com Solimão, o Magnífico. No outono de 1535, Rodrigo, levado por seu gosto de aventura e pela necessidade de firmar seu lugar na sociedade, partiu para Río de la Plata, na expedição de Pedro de Mendoza. É no Chile que, em 1557, ele encontrará a morte.

Na noite de 11 para 12 de julho, em Bâle, extinguiu-se a maior figura do humanismo cristão, Erasmo de Roterdan, cuja influência penetrou profundamente na Espanha a partir dos anos de 1520. A execução de seu amigo, Tomás More, em 1535, deu um golpe fatal a essa corrente do livre pensamento cristão. Apenas Juan Luis Vives, outro amigo de Erasmo, grande pensador espanhol, ainda representa de modo pleno esse ideal de humanismo. Será em Bruges que terminará seus dias, em 1540, depois de ter ensinado em Oxford e Paris.

Numa manhã de outono, frustrando a vigilância e interdição de seu pai, Teresa vem bater à porta do convento da Encarnação. Arrasta consigo seu irmão Antonio, então apenas com dezesseis anos, que quer entrar nos dominicanos. "Lembro-me bem, e creio que com razão, de que o meu sofrimento ao deixar a casa paterna não foi menor que a dor da morte. Eu tinha a impressão de que meus ossos se afastavam de mim [...]" (*Vida* 4,1).

Ávila: convento da Encarnação.

A tomada de hábito se deu no dia 2 de novembro de 1536: "Quando tomei o hábito, o Senhor logo me fez compreender como favorece os que se esforçam por servi-lo. Ninguém percebeu o meu esforço, mas só a minha imensa vontade. Ao fazê-lo, tive tal alegria de ter abraçado aquele estado que até hoje permaneço com ela; Deus transformou a aridez que tinha a minha alma em magnífica ternura. As observâncias da vida religiosa eram um deleite para mim;

na verdade, nas vezes em que varria, em horários que antes dedicava a divertimentos e vaidades, me vinha uma estranha felicidade não sei de onde, diante da lembrança de estar livre de tudo aquilo" (*Vida* 4,2).

Teresa fez sua profissão no dia 3 de novembro de 1537. O compromisso definitivo, assumido na alegria e com grande determinação, abalou, contudo, profundamente sua personalidade. Sem dúvida, podemos atribuir, com justa razão, a uma enfermidade, que hoje definiríamos psicossomática, os graves sintomas que a jovem religiosa então manifestou: múltiplos desmaios, enjôos violentos, febres. "Era tão grave a doença que eu ficava quase sempre privada de sentidos, chegando às vezes a perdê-los de fato. Meu pai se empenhava em encontrar algum remédio. Como os médicos daqui não resolveram, ele decidiu me levar a um lugar muito famoso na cura de outras enfermidades, onde, pelo que lhe disseram, eu também me livraria do mal" (*Vida* 4,5).

Em 1538, levada por seu pai, Teresa vai a Castellanos de la Cañada, junto de sua irmã María. Juana Suárez, sua amiga religiosa, a acompanha sem dificuldades, pois no convento da Encarnação a Regra mitigada não impõe a observância da clausura. No caminho, detêm-se em Hortigosa. Foi nessa ocasião que Pedro de Cepeda entregou à sua sobrinha um livro cuja influência foi decisiva sobre ela: o *Terceiro abecedário*, de Francisco de Osuna (1492-1540). O autor é um religioso franciscano. Escreveu várias obras de piedade muito populares em seu tempo. O *Abecedário espiritual* está distribuído em diversos tratados precedidos de máximas colocadas na ordem alfabética, de onde provém o título do conjunto. Iniciação à meditação sobre a Paixão de Cristo, preceitos de disciplina corporal e espiritual e explanações sobre a vida ascética compõem a obra, exceção feita ao *Ter-*

ceiro abecedário, publicado em 1527. Esse terceiro tratado propõe uma instrução prática sobre a oração de recolhimento, dentro de uma ótica propriamente mística. O livro foi uma revelação para Teresa. Ela descobre aí o caminho da oração interior. Passa a considerar a obra como um guia essencial e a cita muitas vezes. Dois princípios são aí colocados em relevo: a necessidade do vazio interior para que o coração possa se deixar preencher apenas por Deus, e a celebração do amor como força motora essencial da contemplação. Oração vocal, oração silenciosa, oração mental ou de união espiritual e amorosa com Deus: o itinerário estava traçado de maneira metódica, acompanhado de conselhos práticos para se empenhar com proveito. Sob a forma de um livro, Teresa encontrou um mestre espiritual que lhe fez descobrir "a amizade com Deus".[1] O tratamento se deu durante o verão, em Becedas, uma aldeia dos arredores. A curandeira de Becedas, a quem se recorreu como último recurso, fez Teresa padecer "terríveis tormentos" (*Vida* 4,6) dos quais ela não conseguiu se livrar.

No final de três meses de tratamento, Teresa encontra-se num estado lastimável: dores agudas no coração, impossibilidade de comer, desgosto de tudo, febre contínua, fadiga extrema, contrações nervosas muito dolorosas, abatimento profundo.

Seu pai a leva de volta para casa, em Ávila. A enferma não faz senão piorar. Teresa vive um calvário: "[...] o que me fatigava eram as dores, porque eram contínuas, e dos pés à cabeça" (*Vida* 5,8). Encontra coragem na oração, que começa a praticar, e na leitura das *Moralia* de são Gregório, as quais

---

[1] OSUNA, Francisco de. *Le recueillement mystique*; troisième abécédaire spirituel. Paris, Cerf, 1992.

evocam a história de Jó, de quem ela repete as palavras: "Dado que recebemos os bens da mão do Senhor, por que não haveremos de receber também os males?" (*Vida* 5,8). No dia 15 de agosto de 1538, a crise é aguda. Teresa perde a consciência durante quatro dias. Recebe a extrema-unção. Têm-na por morta. Sua sepultura está aberta no convento da Encarnação. Num mosteiro vizinho, celebra-se por ela o ofício dos mortos. De repente, desperta e pede a confissão e a comunhão. Testemunhas relatam palavras estranhas que ela teria então pronunciado, palavras proféticas sobre seu futuro, visão do inferno que ela teria conhecido...

"Fiquei, depois desses quatro dias de paroxismo, num estado tal que só o Senhor pode saber os insuportáveis tormentos que sentia em mim. De tão mordida, a língua estava dilacerada; a garganta, devido a eu nada ter ingerido e à minha grande fraqueza, me deixava quase sem respirar, pois nem água eu podia engolir; eu parecia estar inteiramente desconjuntada, com a cabeça em grande desatino. Aquele tormento me fez ficar encolhida, como se fosse um novelo, incapaz de mover os braços, os pés, as mãos e a cabeça, como se estivesse morta, sem ajuda; creio que só movia um dedo da mão direita [...]" (*Vida* 6,1).

Teresa exige sua volta ao convento da Encarnação. E retorna para lá na véspera da Páscoa. Seu estado físico é deplorável. Demora três anos para se restabelecer. "Quando comecei a andar de gatinhas, louvei a Deus" (*Vida* 6,2). É a intercessão de são José, por quem terá doravante uma devoção toda particular, que ela atribui sua cura final: "Quem não encontrar mestre que ensine a rezar tome por mestre este glorioso santo, e não errará o caminho" (*Vida* 6,8).

No mesmo ano da cura de Teresa, isto é, em 1540, três de seus irmãos, Lorenzo, Jerónimo e Pedro, embarcam para o Peru. Dois anos antes, em 1538, a excomunhão de Henrique VIII assinalou uma grave ruptura na unidade da Igreja Católica.

Nesse mesmo ano de 1540, o papa Paulo III reconheceu a Companhia de Jesus. Em Granada, o português João Ciudad funda a Ordem dos irmãos hospitaleiros, cognominada de São João de Deus.

Depois de sua cura, Teresa se deixa levar pela vida muito fácil da Encarnação: visitas ao locutório, gostos mundanos, passeios na cidade, conversas onde o profano e o sagrado acabam por se confundir... Tudo isso atenua o rigor e a piedade das religiosas não enclausuradas. Teresa arrepende-se e, com amargura, acusa-se dessas coisas na narração de sua vida: "E assim comecei, de passatempo em passatempo, de vaidade em vaidade, de ocasião em ocasião, a envolver-me tanto em tão grandes ocasiões e a estragar a alma em grandes vaidades que tinha vergonha — em tão particular amizade como é tratar de oração — de me aproximar de Deus. Contribuiu para isso o fato de que, como os pecados aumentaram, o gosto e a alegria da prática da virtude começaram a escassear" (*Vida* 7,1).

"A meu ver, causou grande prejuízo não estar num mosteiro enclausurado. Porque a liberdade que as que eram boas podiam ter sem culpa (porque não lhes era exigido mais, já que não prometiam clausura) a mim, que sou ruim, por certo teria levado ao inferno se eu não tivesse sido libertada desse risco por tantos meios, remédios e dons particulares do Senhor. Por isso considero muito perigosos mosteiros de mulheres com liberdade" (*Vida* 7,3).

Dessas distrações, que desviavam sua vocação, Teresa foi bruscamente arrancada por uma visão: "[...] eis que vi Cristo representado diante de mim, com muito rigor, mostrando-me o quanto aquilo lhe pesava. Vi-o com os olhos da alma, com mais clareza do que o poderia ver com os olhos do corpo. A sua imagem tornou-se tão indelével que até hoje, mais de vinte e seis anos depois, ainda tenho a sensação de vê-lo. Tomada de um profundo temor e de grande perturbação, não quis mais receber a pessoa com a qual me encontrava então" (*Vida* 7,6).

Apesar dessa advertência, Teresa continuou seu relacionamento com essa pessoa por quem sentia muita afeição. Um novo alerta a surpreende: "Certa vez, entretida em sua companhia [dessa mesma pessoa], vimos — e outras pessoas que estavam ali também o viram — uma espécie de sapo grande dirigir-se para nós, caminhando com uma rapidez que não é própria dessas criaturas. Não tenho como explicar o aparecimento, em pleno dia, de semelhante criatura naquele lugar, pois aquilo nunca ocorrera. E o que isso me causou, por certo, envolvia mistério, jamais tendo saído de minha lembrança" (*Vida* 7,8).

Teresa pratica oração desde o início de sua doença. Seu pai, a quem ela ensinou a rezar, tira grande proveito desse exercício. Mas eis que ela mesma abandona a oração por "mais de um ano" (*Vida* 7,11). Os males que não deixam de atormentá-la fornecem um pretexto fácil. Contenta-se com seguir os ofícios do coro. Contudo, se ela mesma não pratica a oração, continua a inculcá-la nos outros: "Narro-o para que se veja a minha grande cegueira ao me deixar perder e procurar ao mesmo tempo salvar os outros" (*Vida* 7,13).

Capítulo 3

1543-1560

Dom Alonso morreu no dia 24 de dezembro de 1543. Teresa acorrera à sua cabeceira desde o início da doença que o levou em poucos dias. A prova foi terrível: "[...] tive a impressão, ao ver que a sua vida acabava, de que me arrancavam a alma, tanto era o amor que lhe tinha" (*Vida* 7,14).

Teresa sente-se dilacerada e aflita entre duas direções: "De um lado, Deus me chamava; do outro, eu seguia o mundo. Davam-me grande alegria todas as coisas de Deus, mas eu me via ligada às do mundo. Tenho a impressão de que desejava conciliar esses dois contrários, tão inimigos um do outro: a vida espiritual e os gostos, alegrias e divertimentos sentidos" (*Vida* 7,17).

Sob o estímulo de frei Vicente Barrón, um dominicano, ela retoma a oração: "Na oração, eu passava grandes trabalhos, porque o espírito não era senhor, mas escravo; por isso, eu não podia me recolher dentro de mim (que era o meu modo de proceder na oração) sem levar comigo mil vaidades. Passei assim muitos anos, a ponto de agora me espantar com o fato de uma criatura poder sofrer tanto tempo sem deixar um ou outro desses contrários. Bem sei que deixar a oração já não estava em minhas mãos, porque aquele que me queria para me conceder maiores graças me sustentava com as suas" (*Vida* 7,17).

Esta última frase é capital. Demonstra muito bem como todo o destino, toda a vocação, toda a mística de santa Teresa de Ávila não têm outro fundamento senão a oração. Teresa, que explica isso abundantemente em toda a sua obra, dá-lhe, de princípio, uma definição muito simples: "Para mim, a oração mental não é senão tratar de amizade — estando muitas vezes tratando a sós — com quem sabemos que nos ama" (*Vida* 8,5).

Por um longo período de dez anos, Teresa conhece uma vida espiritual atormentada. Secura e aridez, impulsos de entusiasmo seguidos de recaídas, medos, temores, impaciências impedem ou interrompem a prática da oração à qual, contudo, Teresa decide voltar, fazendo forte apelo à sua coragem, conforme diz: "Precisava empregar todo o meu ânimo" (*Vida* 8,7). Acrescenta a isso a leitura de livros piedosos: além da Bíblia, a *Imitação de Cristo;* a *Vida de Cristo*, de Ludolphe, o Cartuxo; a *Arte de servir a Deus*, de Alonso de Madrid; o *Guia dos pecadores* de Luís de Granada.

Nessa luta com "uma sombra da morte" (*Vida* 8,12), Teresa está sozinha. Os confessores não a compreendem. Uma perseverança a toda prova não é suficiente. Um único recurso é necessário: a confiança absoluta em Deus. Teresa o compreende, mas se acusa de muitas vezes a esquecer, depois de a ela ter voltado.

Os anos passam. Em 1546, seu irmão Antonio encontra a morte num combate em Añaquito, no Peru. Durante o verão de 1548, ela vai em peregrinação ao santuário de Guadalupe. À distância, acontecimentos importantes se desenrolam. Em Trento, no Tirol, um grande concílio se abre em 1545. Lutero morre em 1546, mas o protestantismo se expande. A Liga dos príncipes alemães adeptos do protestantismo é esmagada pelos exércitos de Carlos V, em Mühlberg, em 1547. Um célere quadro de Ticiano celebra essa vitória. Os turcos, cuja expansão constitui uma ameaça inquietante para a época, apoderam-se de Trípoli em 1551. Em 1552, a obra de Bartolomeu de las Casas *Breve relação da destruição das Índias* revela as exações, os crimes, os horrores de uma conquista que se apresenta sob a aparência de uma cruzada para estender sobre a terra o Reino de Deus.

* * *

No entanto, no convento da Encarnação, uma jovem monja prossegue seu combate solitário contra as potências do mal que se desencadeiam sobre ela. Em 1554, uma ocasião fortuita lhe deu a vitória: "Aconteceu-me de, entrando um dia no oratório, ver uma imagem guardada ali para certa festa a ser celebrada no mosteiro. Era um Cristo com grandes chagas que inspirava tamanha devoção que eu, ao vê-lo, fiquei perturbada, visto que ela representava bem o que ele passou por nós. Foi tão grande o meu sentimento por ter sido mal agradecida àquelas chagas que o meu coração quase se partiu; lancei-me a seus pés, derramando muitas lágrimas e suplicando-lhe que me fortalecesse de uma vez para que eu não o ofendesse" (*Vida* 9,1).

Desse encontro data aquilo que chamamos a "segunda conversão" de Teresa. Como ela mesma explica, essa imagem das dores provoca-lhe um fenômeno de identificação com o Cristo do Jardim das Oliveiras: "[…] ficava pensando no suor e na aflição que ele sofrera, desejando, caso fosse possível, enxugar-lhe o suor tão doloroso" (*Vida* 9,4).

A leitura das *Confissões* de santo Agostinho também foi decisiva. Ainda aqui é por um efeito de identificação que o livro age sobre ela: "Começando a ler as *Confissões*, tive a impressão de me ver ali. Passei a encomendar-me muito a esse glorioso santo. Quando cheguei à sua conversão e li que

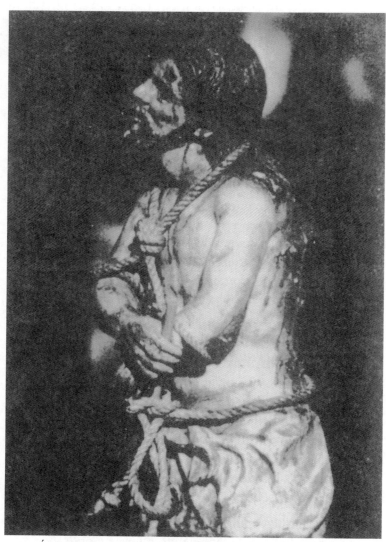

Ávila: Imagem do Ecce homo *do convento da Encarnação.*

ele ouvira uma voz no jardim, senti ser o Senhor quem me falava, tamanha foi a dor do meu coração" (*Vida* 9,8).

Esses dois acontecimentos fortuitos — o deparar-se com o *Ecce homo* e a leitura de santo Agostinho — provocam em Teresa a tomada de consciência de sua imperfeição. Diríamos, mais que da imperfeição, da natureza humana nela. Boas resoluções são tomadas. Teresa retoma sua postura no amar a Deus, no passar seu tempo junto dele. É então que escreve esta frase admirável, na qual se pode ver uma das fontes vivas de sua espiritualidade: "Eu bem sabia que o amava, mas não compreendi, como iria entender, o que é amá-lo verdadeiramente" (*Vida* 9,9). Com efeito, Teresa está, então, cumulada de graças místicas que ela de fato não ousou pedir: deleites, regalos, sabores, favores. São os termos que usa. Ela é a primeira a ficar surpresa: "[...] o Senhor as costuma dar [essas graças místicas] aos que têm maior pureza de consciência" (*Vida* 9,9).

Essa dupla tomada de consciência — a do mal e a de Deus, agindo, uma e outra, nela — marca para Teresa o ponto de partida de uma nova etapa de sua evolução espiritual. Uma experiência a inaugura: "Vinha-me de súbito [...] tamanho sentimento da presença de Deus que eu de maneira alguma podia duvidar de que o Senhor estivesse dentro de mim ou que eu estivesse mergulhada nele" (*Vida* 10,1).

Em meio a eclipses ou manifestações repentinas, a sentimentos de alegria e serenidade entrecortados de angústias e tormentos, essa presença de Deus na alma, que constitui exatamente a experiência mística, será de agora em diante o centro de gravidade da existência de Teresa. Dessas alternâncias entre felicidade e confusão, segundo predomine a consciência de Deus ou a do mal, Teresa, em seus diversos escritos, faz longamente a análise: "Os prazeres obtidos da oração devem ser os dos que estão no céu" (*Vida* 10,3). "Essa quietude e recolhimento da alma é coisa muito sensível pela satisfação e pela paz que traz, pelo grande contentamento e sossego das faculdades e por um deleite muito suave" (*Vida* 15,1). E, outras vezes, é o desespero: "[...] parece que a alma tem extrema necessidade de Deus, dizendo e perguntando a si mesma: 'Onde está o teu Deus?' [...] a alma parece não ter consolo do céu nem estar nele, ao mesmo tempo que não mais habita na terra, cujo consolo não quer; ela parece estar crucificada entre o céu e a terra" (*Vida* 20,11).

Nesses tormentos, a alma mística conhece dois estados extremos. De um lado, a união com Deus, na incandescência do amor: "[...] embora a alma por vezes saia de si mesma, como se fosse um fogo que está ardendo e se incendeia, e algumas vezes esse fogo aumenta com ímpeto" (*Vida* 18,2). "Posso dizer apenas que temos a impressão de estar junto de Deus, permanecendo uma certeza em que de nenhuma maneira se pode deixar de acreditar" (*Vida* 119). De outro lado, o queimar de um outro fogo, o fogo do inferno, do qual Teresa fez a experiência inesquecível e terrificante: "Entendi que o Senhor queria que eu visse o lugar que os demônios tinham preparado para mim ali e que eu merecera pelos meus pecados [...]. O que senti parece ser impossível definir de fato e entender [...]. Dizer que é igual à sensação de que estão sempre arrancando a alma é pouco, pois isso seria equivalente a ter a vida tirada por alguém; nesse caso, no entanto, é a própria alma que se despedaça. Não sei como fazer jus com palavras ao fogo interior e ao desespero que se sobrepõem a gravíssimos tormentos e dores. Eu não via quem os provocava, mas os sentia queimando-me e retalhando. Mesmo assim, tenho a impressão de que aquele fogo e aquele desespero interiores são o pior" (*Vida* 32,1-2).

Essa visão do inferno aconteceu alguns anos mais tarde, no mês de setembro de 1560, ao término de uma profunda evolução espiritual.

Fortemente perturbada por ver em si a irrupção de impulsos espirituais violentos, cuja natureza ao mesmo tempo a arrebata e a inquieta, Teresa aconselha-se com um desses homens doutos (*letrados*), aos quais nunca deixou de recorrer. Francisco de Salcedo, um piedoso fidalgo, com quem ela tem laços de parentesco, coloca-a em contato com padre Gaspar Daza. Este, mais habituado à espiritualidade tranqüila das beatas[1] a quem dirige do que aos arroubos místicos, não a compreende e recusa-se a confessá-la. É num livro que Teresa encontra socorro: a *Subida do Monte Sião* (publicado em 1535), do franciscano Bernardino de Laredo. Esse livro, que incita à contemplação de quietude (*contemplación quieta*) a esclarece. Mas padre Daza e Francisco de Salcedo não estão convencidos. Crendo que Teresa é presa do demônio, orientam-na para a Companhia de Jesus.

Padre Diego de Cetina, que a toma a seus cuidados, é então bem jovem: tem vinte e três anos. Compreende que é o "espírito de Deus" que está agindo na alma de Teresa; aconselha-lhe a prática assídua da oração, da mortificação, da meditação da humanidade de Cristo. "Ele me deixou consolada e estimulada; o Senhor me ajudou, e a ele, para que entendesse minha condição e maneira de me dirigir" (*Vida* 23,18).

---

[1] Expressão espanhola, muito corriqueira na época, para designar mulheres de sério empenho na vida de piedade, mas que não eram religiosas. No termo, não existe nenhuma acepção pejorativa, como na linguagem atual. (N.T.)

Graças a padre Diego de Cetina, Teresa encontra-se pela primeira vez com Francisco de Borja, de passagem por Ávila. O colóquio se deu no mês de maio de 1554: "Tendo me ouvido, ele declarou tratar-se do espírito de Deus, parecendo-lhe ruim resistir-lhe [...]. Isso trouxe muito consolo a mim" (*Vida* 24,3).

Essa relação pessoal com um guia, ou um diretor espiritual, foi por longo tempo indispensável para Teresa. A partida de padre Diego de Cetina a desespera: "A minha alma ficou como num deserto, muito desconsolada e temerosa. Eu não sabia o que fazer de mim" (*Vida* 24,4). Liga-se, então, em grande amizade, com dona Guiomar de Ulloa. Viúva aos vinte e cinco anos, muito dada à oração, ela a coloca em contato com padre Juan de Pradanos, da Companhia de Jesus. Essa direção, plena de tato, leva Teresa a desfazer os laços de amizade que, contudo, a seus olhos não ofendiam a Deus. Num arroubo repentino — o primeiro que experimenta — escuta distintamente estas palavras: "Já não quero que fales com homens, mas com anjos" (*Vida* 24,5). A ordem foi decisiva e, a partir desse momento, Teresa não teve outras amizades senão com as pessoas que compreendia bem que "amam a Deus" (*Vida* 24,6).

Um êxtase, palavras escutadas, uma decisão tomada de forma irrevogável: a evolução espiritual de Teresa se desenrolará sempre com base nesse modelo.

No entanto, servindo de alvo às tribulações exteriores e às inquietações íntimas, reconfortada pelos freqüentes ensinamentos ou advertências, recebidos dos próprios lábios de Sua Majestade — segundo o termo utilizado por ela para designar Deus —, Teresa prossegue seu caminho de perfeição. Em 1556, seu confessor é padre Baltazar Alvarez, que

40

São Francisco de Borja
(1510-1572)

Filho de João de Borja, duque de Gandia, e de Joana de Aragão, foi monteiro de Carlos V e escudeiro-mor da Imperatriz Isabel. Quando esta faleceu, em 1539, Francisco foi encarregado de acompanhar seu corpo até Granada e de, antes da inumação, testemunhar sua identidade. O choque que então ressentiu determinou sua evolução espiritual. Feito vice-rei da Catalunha, encontra-se, em Barcelona, com Pedro de Alcântara e com os primeiros jesuítas. Com a morte de sua esposa, Eleonora de Castro (1546), ele decide entrar na Companhia de Jesus. Nomeado por Inácio de Loyola comissário da Companhia na Espanha, fundou aí diversos colégios. Encontrou-se com Teresa de Ávila em 1554 e a tranqüilizou sobre sua oração. Em 1565, torna-se geral da Companhia de Jesus. Morreu em Roma. Foi canonizado em 1671. Grande pregador, Francisco de Borja compôs vários tratados espirituais. A humanidade de Cristo, os benefícios de Deus, a oração vocal e mental são alguns dos seus temas preferidos. O desejo de doar sua vida por Cristo, até o martírio, orientou a existência, marcada por uma grande austeridade, de Francisco de Borja desde sua conversão.

a dirige durante três anos. A direção foi tumultuosa, mas eficaz: "Eu tinha um confessor que muito me mortificava e, por vezes, me afligia e muito me fazia sofrer, porque me inquietava em demasia. Contudo, tenho para mim ter sido ele o que mais me beneficiou" (*Vida* 26,3).

Dividida entre suas inspirações íntimas e a incompreensão, as hesitações ou as determinações em sentido contrário de seus confessores, Teresa resolve a questão com grande sabedoria, na qual, talvez, entre um bocadinho de malícia: "Sempre que o Senhor me ordenava uma coisa na oração e o confessor me dizia outra, o próprio Senhor repetia que lhe obedecesse; depois Sua Majestade mudava sua opinião, para que me ordenasse outra vez de acordo com a vontade divina" (*Vida* 26,5).

A publicação do *Índice dos livros proibidos*, em 1559, pelo inquisidor geral F. de Valdès a deixa desamparada. Os livros de onde hauria seu conforto e diretivas não mais lhe são acessíveis. Mas a resposta foi imediata: "[...] o Senhor me disse: 'Não sofras, que te darei um livro vivo'. Eu não podia compreender por que ele me dissera isso, pois ainda não tinha tido visões. Mais tarde, há bem poucos dias, o compreendi muito bem, pois tenho tido tanto em que pensar e em que me recolher naquilo que me cerca, e tenho tido tanto amor do Senhor, que me ensina de muitas maneiras, que tenho tido muito pouco ou quase nenhuma necessidade de livros. Sua Majestade tem sido o livro verdadeiro em que tenho visto as verdades. Bendito seja este livro, que deixa impresso na alma o que se há de ler e fazer, de modo que não se pode esquecer" (*Vida* 26,5).

No dia 29 de junho de 1559, dia da festa de são Pedro, Teresa teve pela primeira vez uma visão intelectual: "[...]

dedicada à oração, vi perto de mim, ou, melhor dizendo, senti, porque com os olhos do corpo ou da alma nada vi, Cristo ao meu lado. Parecia-me que ele estava junto de mim, e eu via ser ele que na minha opinião me falava. Dada a minha ignorância sobre a possibilidade de semelhante visão, senti grande temor no início, e a única coisa que eu fiz foi chorar, embora, ouvindo do Senhor uma só palavra de segurança, ficasse meu estado habitual, em quietude, consolada, sem nenhum temor. Parecia-me que Jesus Cristo sempre estava ao meu lado; e como não era visão imaginária, não percebia de que forma. Mas sentia com clareza tê-lo sempre ao meu lado direito, como testemunha de tudo o que eu fazia. Nenhuma vez em que me recolhesse um pouco ou não estivesse muito distraída eu podia ignorar que ele estava junto de mim" (*Vida* 27,2).

Teresa analisa com acuidade essa visão. Não tem nada a ver — explica — com o sentimento da presença de Deus que se pode experimentar na oração de união e de quietude. Para dizer isso, emprega uma belíssima imagem: "[…] a presença é percebida pela alma com mais clareza do que o sol" (*Vida* 27,3).

Visões, locuções, favores divinos aumentam, apesar da ordem que lhe dá um de seus confessores de "fazer figa" a tudo isso para expulsar o demônio (*Vida* 29,5). Queriam até mesmo exorcizá-la. Mas a tempestade espiritual e a investida de graças místicas da qual ela é objeto não conhecem tréguas.

Em abril de 1560, Teresa recebe a graça da transverberação, que se reproduziu diversas vezes: "[…] eu via um anjo perto de mim, do lado esquerdo, em forma corporal […]; não era grande, mas pequeno, e muito formoso, com um rosto tão resplandecente que parecia dos anjos muito elevados que se abrasam [...]. Vi que trazia nas mãos um comprido dardo de ouro, em cuja ponta de ferro julguei que havia um pouco de fogo. Eu tinha a impressão de que ele me perfurava o coração com o dardo algumas vezes, atingindo-me as entranhas. Quando o tirava, parecia-me que as entranhas eram retiradas, e eu ficava toda abrasada num imenso amor de Deus. A dor era tão grande que eu soltava gemidos, e era tão excessiva a suavidade produzida por essa dor imensa que a alma não desejava que tivesse fim nem se contentava senão com a presença de Deus. Não se trata de dor corporal; é espiritual, se bem que o corpo também participe, às vezes muito. É um contato tão suave entre a alma e Deus que suplico à sua bondade que dê essa experiência a quem pensar que minto" (*Vida* 29,13).

Arroubos irresistíveis, êxtases repentinos, impulsos místicos impetuosos, imprevisíveis e incompreensíveis a todos aqueles que a conhecem, ou a quem ela os confidencia, mergulham Teresa tanto na alegria como no embaraço. Gostaria de resistir, mas não consegue. Ninguém a compreende.

Pedro de Alcântara, a quem conhece no mês de agosto de 1560, finalmente a tranqüiliza e a esclarece sobre essas experiências extraordinárias, as quais o asceta franciscano conheceu por si mesmo. Uma relação espiritual muito profunda se estabelece entre eles. Depois da morte dele, ele ainda lhe prodigalizará seus conselhos: "Depois disso [sua morte], o Senhor tem permitido que eu tenha mais ajuda dele do que tive em vida; ele me aconselha em muitas coisas. Vi-o muitas vezes com uma imensa glória" (*Vida* 27,19).

Foi pouco tempo depois desse encontro, em setembro de 1560, que Teresa teve a visão do inferno já evocada. A partir de então, uma etapa interior está superada. A vida espiritual de Teresa é sempre movimentada, mas sua vocação se afirmou. Sua decisão de buscar a perfeição, de consagrar toda a sua energia ao serviço de Deus, de contribuir sem cessar para a salvação dos pecadores, em especial dos luteranos, cuja doutrina constitui, a seus olhos, um dos maiores perigos para a Igreja e para a Espanha, está tomada irrevogavelmente.

Tudo isso, somado às imperfeições do mosteiro da Encarnação (religiosas muito numerosas, miséria material, Regra mitigada, vida por demais regalada, saídas e visitas freqüentes...), está na origem da idéia que, então, jorra, de uma Reforma na Ordem do Carmelo.

Ávila: convento de São José.

Capítulo 4

1560-1567

O embrião da idéia de uma nova fundação veio de María de Ocampo, sobrinha de Teresa, num dia do mês de setembro de 1560: "Certa feita, estando na companhia de uma pessoa, disseram a mim e a outras que se quiséssemos ser monjas à maneira das descalças seria talvez possível fundar um mosteiro" (*Vida* 32,10).[1]

A idéia caminhou. Teresa ainda hesitava, pois não estava de todo aborrecida com o mosteiro da Encarnação. Ela confia suas dúvidas ao Senhor. A resposta se fez clara e nítida. O Senhor manifestou-se a ela, "prometendo-me que o mosteiro não deixaria de ser feito e dizendo que ali seria muito bem servido. Disse-me que devia ser dedicado a são José; este santo glorioso nos guardaria uma porta, e Nossa Senhora, a outra; Cristo andaria ao nosso lado, e a casa seria uma estrela da qual sairia um grande resplendor. Além disso, embora as religiões (ordens religiosas) estivessem relaxadas, eu não devia pensar que ele era pouco servido nelas" (*Vida* 32,11). Seu confessor, padre Baltazar Alvarez, estava reticente.

---

[1] As descalças a que María de Ocampo se refere e propõe como modelo são as chamadas "Descalças Reais" de Madri, fundadas em Ávila pela princesa Dona Joana, irmã de Filipe II, com um grupo de franciscanas dessa cidade, seguindo a iniciativa de são Pedro de Alcântara. (N.T.)

Além de dona Guiomar, também o provincial dos carmelitas, frei Angel de Salazar, Pedro de Alcântara, Francisco de Borja, Luis Bertrand, frei Ibáñez (dominicano) se mostram muito favoráveis ao projeto.

Ninguém é profeta em sua própria terra. Desde que o projeto se torna conhecido, desencadeia-se a perseguição na boa cidade de Ávila: "[...] caiu sobre nós uma enorme perseguição cujo relato levaria muito tempo: choveram insinuações e risadas, bem como afirmações de ser um disparate. Diziam-me que eu estava bem na minha casa, perseguindo tanto minha companheira a ponto de deixá-la aflita. Eu não sabia o que fazer; em parte, parecia-me que tinham razão" (*Vida* 32,12).

A oração tranqüiliza Teresa, mas ela ouve "Sua Majestade" lhe dizer que as perseguições redobrariam, até mesmo ultrapassando o que poderia imaginar. De fato, Ávila inteira era hostil a seu projeto.

No entanto, encorajada pelo parecer muito positivo de frei Ibáñez, grande teólogo dominicano, Teresa leva as coisas avante, apesar do provincial voltar-lhe as costas, recusando-lhe, agora, a autorização que tinha dado antes. As religiosas da Encarnação fazem coro aos opositores: "Umas pensavam que eu devia ser lançada no cárcere; umas poucas faziam uma tímida defesa de mim. Eu [...] por vezes justificava a sua conduta, embora, como não pudesse falar do essencial, que era ter recebido ordens do próprio Senhor, não soubesse o que fazer, deixando assim de falar de outras coisas" (*Vida* 33,2).

Teresa está segura de si, convencida de que a fundação vai se realizar. Tudo, porém, associa-se contra ela. Além de seu confessor, padre Baltazar Alvarez, que lhe ordena dar um fim ao escândalo que provoca, algumas pessoas bem intencionadas a colocam sob a vigilância da Inquisição. As revelações, das quais se ouvira falar, não seriam elas uma razão a mais, um motivo suficiente, para a tornar suspeita?

Transcorrem assim alguns meses. Teresa está dividida entre os impulsos impetuosos de sua inspiração e as reticências de seu confessor. Em abril de 1561, padre Gaspar de Salazar, novo reitor da Companhia de Jesus, teve um encontro decisivo com Teresa. Compreendendo que era de fato o espírito de Deus que agia nela, tornou-se seu fiel sustentáculo.

O intento é então retomado. Mas tudo é feito no silêncio, particularmente para não alertar o provincial, a quem Teresa deve obediência. Ela encarrega sua irmã Juana e o marido dela, Juan de Ovalle, de comprar a casa necessária. Lorenzo envia do Peru um auxílio financeiro. Um Breve do papa deu a autorização. Mas eis que no final do mês de dezembro de 1561, em obediência ao provincial, Teresa deve ir a Toledo para se ocupar de dona Luisa de la Cerda, uma grande dama, cuja pena era extrema depois da morte de seu marido.

Esse contratempo teve felizes conseqüências. Em Toledo, onde permaneceu por seis meses, Teresa se liga com laços de amizade à dona Luisa, a quem consegue apaziguar a dor. Aí encontra um dominicano de grande talento, frei García de Toledo, que a reconforta. Foi quem, depois, ordenou-lhe que escrevesse a história de sua vida.

María de Jésus, uma beata que bebia da espiritualidade da Ordem do Carmelo, que fora a Roma a pé, estava de volta com as autorizações necessárias para fazer uma nova fundação. Tendo visto Teresa, faz-lhe compreender que a

Regra primitiva, antes da mitigação, impunha aos conventos que não tivessem nenhuma renda. Seduzida por essa idéia de pobreza total, Teresa logo adere a ela, mas não sem antes se aconselhar com pessoas competentes que ela julga sempre bom consultar. Frei Ibáñez se opõe a isso com fortes argumentos de teologia. Pedro de Alcântara, de passagem por Toledo, logo aquiesce à idéia: "Como amava verdadeiramente a pobreza, que observava havia tanto tempo, ele bem conhecia os tesouros que ela contém, razão por que muito me ajudou e me ordenou que de modo algum deixasse de levar adiante o que pretendia" (*Vida* 35,5).

Um último aviso foi decisivo: "Estando um dia encomendando muito o caso a Deus, disse-me o Senhor que de forma alguma eu deixasse de estabelecer o mosteiro na pobreza, por ser essa a vontade de seu Pai e sua, e que me ajudaria. Isso aconteceu num arroubo tão intenso e que teve efeitos tão fortes que não pude duvidar de que fosse obra de Deus" (*Vida* 35,6). Frei Ibáñez acabou por se deixar convencer.

Depois de muitas peripécias, deu-se a fundação. Teresa a proclama com entusiasmo: "Por fim, estando tudo pronto [...], pôs-se o Santíssimo Sacramento, e o novo mosteiro do glorioso pai nosso são José foi fundado, cumpridas todas as formalidades requeridas e obtidas as devidas autorizações" (*Vida* 36,5). Nessa segunda-feira, 24 de agosto de 1562, Teresa, pessoalmente, dá o hábito a quatro noviças. Duas religiosas da Encarnação estão com ela, bem como Gaspar Daza, que celebrou a missa, Francisco de Salcedo, seu velho amigo, Julián de Ávila, o capelão e fiel companheiro das futuras fundações, e ainda outros amigos.

50

São Pedro de Alcântara
(1499-1562)

Depois dos estudos em Salamanca, entrou, em 1515, nos franciscanos da Custódia de Estremadura, que se tornou a província-mãe dos franciscanos descalços da Espanha. Encarregado de importantes funções, percorre a província a pé, praticando a ascese mais austera. A caminho para o Capítulo Geral de Mântua, cai doente em Barcelona, onde conhece Francisco de Borja, com quem permanecerá ligado pela amizade. Fez numerosas viagens, em especial em Portugal e na Espanha, onde organiza o ramo reformado dos frades menores. É reputado como um dos principais reformadores na Espanha. Foi tal sua influência junto a pessoas de todas as condições, que recebe o cognome de anzuelo de Dios *(anzol de Deus). Suas mortificações eram extremas. Santa Teresa, a quem ele pareceu "como feito todo de raízes", delineou o retrato desse grande espiritual que, para ela, foi um conselheiro prudente. Morreu no dia 18 de outubro de 1562. Seu Tratado de oração e meditação, inspirado no Livro da oração (1553) de Luís de Granada, é considerado como um dos melhores manuais de oração de sua época, ao mesmo tempo claro e preciso, destinado a um vasto público. Foi canonizado em 1669.*

Apenas algumas horas depois da cerimônia, sobrevém uma crise terrível: dúvidas, escrúpulos, apreensões, arrependimentos, aflições e tormentos. Teresa está na noite: "Tinha a impressão de ter uma angústia semelhante à de quem agoniza [...]. O certo é que considero esta uma das mais duras provas por que passei na vida. Meu espírito parecia adivinhar os muitos padecimentos que me esperavam" (*Vida* 36,8-9).

A tempestade fez-se violenta também no exterior. Sob a ordem da superiora, Teresa deve voltar para o mosteiro da Encarnação. O provincial, Angel de Salazar, está furioso. Ele não tinha dado sua autorização; Teresa se contentara com a do bispo. Ávila inteira se amotina contra ela. Para alguns, levantando suspeitas de iluminismo, ela cheira a enxofre. Nos últimos dias do mês de agosto, o conselho da cidade, com o corregedor à frente, é chamado para deliberar sobre seu caso. Dois protetores vêm em socorro de Teresa: primeiro, o dominicano Domingo Báñez, que ainda não a conhecia, mas que sempre teve com ela uma profunda relação espiritual, e em seguida o próprio Pedro de Alcântara, que, contudo, já estava morto havia alguns dias, mas de quem ela recebe a aparição. Ademais, é a terceira vez que Teresa o vê "testemunhando sua grande glória" (*Vida* 36,20).

Tudo acabará se arranjando, mas Teresa esclarece: "Narrando assim de maneira sumária, não é possível explicar bem o que ocorreu nos dois anos que separaram o começo desta casa da sua conclusão. A primeira e a segunda parte do segundo ano foram épocas mais penosas" (*Vida* 36,22). Em agosto de 1563, Teresa, finalmente, foi autorizada a voltar para o convento de São José.

A madre, que desde então tomou o nome de Teresa de Jesus, e suas religiosas vão seguir a Regra de Nossa Senhora do Monte Carmelo, escrita por santo Alberto, patriarca de Jerusalém, aprovada pelo papa Inocêncio IV, em 1248.[2] No convento da Encarnação, onde Teresa passara vinte e seis anos, era observada a Regra dita "mitigada", isto é, suavizada e atenuada pelo papa Eugênio IV, em 1432. Os dois tipos de observâncias se perpetuaram até hoje e, aliás, muito bem, tanto no ramo feminino, como no masculino da Ordem do Monte Carmelo.

Teresa passará cinco anos em São José. Ali, ela termina a redação de sua vida, bem como do *Caminho de perfeição*. Também se aplica à redação das novas *Constituições*.

Trabalhando, rezando, dirigindo o convento ou recebendo visitas, Teresa passa em São José alguns anos de calma. No entanto, os "grandes favores do Senhor" — como ela diz — multiplicam-se: visões, revelações, arroubos, premonições, graças extraordinárias, todos narrados abundantemente por ela. "[...] são tantas as graças que o Senhor me concede [...] que seria tedioso contá-las todas" (*Vida* 39,5) — declara em sua autobiografia.

A revelação, sentida de maneira muito forte, da humanidade de Cristo e da Trindade divina está no centro dessa experiência, mística tão variada, tão impetuosa, tão irresistível que Teresa parece levada, quase sem o querer, pela correnteza dessas graças espirituais. Uma magnífica frase poderia resumir tudo isso: "Compreendi que o Senhor é a própria Verdade" (*Vida* 40,3).

A esse conhecimento experiencial de Deus, que define exatamente o misticismo, mistura-se a experiência contrária,

---

[2] Essa Regra é correntemente denominada "Regra primitiva", em oposição à Regra mitigada. (N.T.)

isto é, a experiência do mal, da mentira, do ódio sob a forma de vários demônios de fisionomias "deveras abomináveis" (*Vida* 38,23) que os representam e que, por diversas vezes, Teresa viu "com os olhos da alma, com maior clareza do que com os do corpo" (*Vida* 38,23).

Todas essas "diabruras", tão numerosas nos escritos de Teresa de Jesus, surpreendem o leitor moderno. A teologia de hoje sobre o demônio não é mais a mesma do século XVI. Tal como foi proposto para os Padres da Igreja, apoiando-se nos textos de Evágrio Pôntico em seu tratado *A prática*, sempre em grandes altercações com o demônio, não poderíamos ver na linguagem figurada de Teresa a tradução de uma aguda intuição das paixões do inconsciente tanto quanto do mistério do mal?[3]

No entanto, ao correr dessa aventura mística tão tumultuosa, um diálogo incessante continua, no qual as modalidades ou os temas são bem diferentes, mas que poderiam ser resumidos nestas poucas palavras: "Sua Majestade tem me dito muitas vezes, mostrando grande amor por mim, estas palavras: 'Já és minha, e eu sou teu'. Eu sempre costumo lhe dizer e, ao meu ver, com sinceridade: 'Pouco me importo comigo, Senhor, mas apenas convosco'" (*Vida* 39,21).

No mês de agosto de 1566, a madre recebeu a visita de um franciscano que voltava das Índias, frei Alonso Maldonado. A evocação que lhe fez, dizendo que "lá, por falta de doutrina, perdiam-se muitas almas" (*Fundações* 1,7), impressionou vivamente Teresa. Ela suplicou a Deus que suas orações pudessem contribuir para a salvação dessas almas.

---

[3] Cf. GRÜN, Anselm. *Convivendo com o mal*; a luta contra os demônios no monaquismo antigo. Petrópolis, Vozes, 2004.

Pouco depois, em oração, escutou estas palavras: "Espera um pouco, filha, e verás grandes coisas" (*Fundações* 1,7).

Essas palavras diziam a verdade, mas Teresa não lhes compreendeu o sentido senão seis meses mais tarde, em fevereiro de 1567, quando o superior geral do Carmelo, frei Rúbeo, encarregado pelo papa Pio V da Reforma da Ordem, entusiasmado com a maneira de viver em São José, lhe entregou as patentes, autorizando a fundar outros mosteiros, sem que nenhum provincial pudesse se opor a isso.

Capítulo 5

1567-1570

Depois da partida de frei Rúbeo, a madre foi aconselhada a lhe pedir a autorização de instaurar também a reforma junto aos religiosos, a fim de que eles pudessem sustentar as novas fundações das religiosas. Frei Rúbeo autorizou a criação de dois mosteiros masculinos.

Mas como fazer? Sem casa, sem dinheiro, "sem ajuda de ninguém senão do Senhor, cheia de patentes e bons desejos" (*Fundações* 2,6). Teresa reagiu de uma maneira que lhe é bem própria: "Como tudo já me parecesse possível, comecei a agir" (*Fundações* 2,6).

"Então vai começar — escreve Pierre Jobit —, no verão de 1567, essa caminhada incessante que, salvo uma interrupção de três anos — o tempo da grande provação —, conduzirá a madre, até quase a véspera de sua morte, por todos os caminhos de Castela e Andaluzia. Chamaram-na de monja andarilha. E ela aplica a si mesma, com alegria, esta expressão *andariega*. Mais tarde, hão de chamá-la de "andarilha de Deus. É bem verdade que seus detratores não tinham esse sentido em mente, mas é também muito mais belo. É nisso que santa Teresa se distingue das beatas e reclusas que a precederam. Ela não é somente uma grande privilegiada da oração; ela é também a audaciosa fundadora que vai criar, no monaquismo, um estilo e um clima novos".[1]

---

[1] Jobit, Pierre. *Thérèse d'Avila*. Paris, Bloud et Gay, 1964. p. 155.

Depois do convento de São José, Teresa, com efeito, vai fundar pessoalmente quinze novos conventos de carmelitas reformadas. Dois outros mosteiros foram fundados sob seu estímulo, mas por delegação: o de Caravaca (1576), por Ana de Santo Alberto; e o de Granada (1582), por Ana de Jesus.

Medina del Campo (agosto de 1567)

Teresa toma o caminho, no mês de agosto de 1567, em companhia de seis religiosas e do capelão de São José, Julián de Ávila.

Medina del Campo, onde os viajantes chegam de noite, é, então, uma cidade próspera, com cerca de trinta mil habitantes, célebre desde a Idade Média devido às grandes feiras internacionais que acontecem aí. Dominada pelo Castelo de la Mota, a cidade, além de algumas belas igrejas (San Antolín, San Martín...), possui soberbas *casas solariegas* (casas antigas e nobres), ornadas de brasões que realçam seu perfil senhorial.

Os viajantes estão exaustos. Informam-nos de que nenhuma casa está pronta para acolhê-los. Os obstáculos, para Teresa, sempre tiveram a virtude de a estimular. Sua reação é significativa: "[...] aquilo mais me animou, pois indicava que o demônio já começava a se alvoroçar, o que tomei por sinal de que o futuro mosteiro serviria à honra de Deus" (*Fundações* 3,4).

Nesse particular, agia como um bom diabo: encontraram oposição dos reverendos padres agostinianos, prontos a entrar com um processo contra a madre; os touros deixados pelas ruas para a corrida do dia seguinte; a casa, finalmente encontrada, num tal estado de ruínas que foi preciso passar

Teresa de Ávila: retrato anônimo do século XVIII.

o resto da noite para colocá-la em razoável estado — o que não impediu que as paredes desmoronassem de manhã cedo. Contudo, a missa foi celebrada. A fundação estava feita. É o dia 15 de agosto de 1567. A todas essas provações, ajunta-se, agora, a angústia que se apodera da fundadora: dúvidas, inquietações, temores, aflições de toda sorte. O demônio gozou, plenamente, de tudo isso. Ao final de oito dias, um mercador vem em seu socorro. A comunidade pode se alojar de maneira conveniente, uma protetora se manifesta. As esmolas chegam. Os obstáculos são ultrapassados.

Mas Teresa não se esqueceu de seu projeto de fundar conventos de frades carmelitas descalços. Fala disso com frei Antonio de Heredia, prior do convento dos carmelitas mitigados de Medina del Campo. Ele mesmo está disposto a se lançar nessa aventura. Sua idade, sua personalidade e seu pouco gosto pelas austeridades fazem Teresa hesitar e pedir-lhe que espere um tempo para assumir tal compromisso. Foi então que conheceu frei João de São Matias, jovem carmelita, recentemente ordenado sacerdote, que prossegue seus estudos na universidade de Salamanca. "Louvei a Nosso Senhor e, falando-lhe, muito me contentei. Ele, segundo me contou, também queria ir para a cartuxa. Eu lhe disse o que pretendia e muito lhe roguei que esperasse até o Senhor dar um mosteiro. Mostrei-lhe que seria grande bem que ele, desejando buscar maior perfeição, o fizesse na própria Ordem; fiz-lhe ver que, assim, serviria melhor ao Senhor. Ele me deu a sua palavra, estabelecendo a condição de que não demorasse muito" (*Fundações* 3,17).

Foi dessa forma que se deu o encontro de Teresa de Ávila e aquele que logo iria tomar o nome de João da Cruz.

Malagón (abril de 1568)

A cerca de trinta quilômetros ao norte de Ciudad Real, no caminho para Toledo, depois do rio Guadiana, Malagón não é hoje senão um pequeno povoado, na extremidade da Sierra del Sotillo. Naquele tempo, não era mais que uma minúscula aldeia, feudo de dona Luisa de la Cerda, irmã do duque de Medinacelli. Ela, que se prendeu com um laço de amizade à madre, decidiu fundar aí um mosteiro de carmelitas. Teresa, a contragosto, aceitou a renda oferecida pela doadora. A fundação aconteceu no dia 11 de abril de 1568. Mas Teresa "sentia [seu] espírito apressado para fundar a casa de Valladolid" (*Fundações* 9,5).

Valladolid (agosto de 1568)

Sobre a margem esquerda do Pisuerga, a antiga *Belad Walid* (cidade do Governador) no tempo da dominação árabe, cidade de passado prestigioso, era então a capital do reino. O rei Filipe II decidiu, em 1560, instalar aí a corte. Alguns belos monumentos exaltam nela o estilo isabelino (o colégio Santa Cruz, o colégio San Gregorio). Na Plaza Mayor, construída depois do incêndio ocorrido em 1561, foi celebrado, no dia 6 de outubro de 1559, o primeiro e célebre auto-de-fé. A catedral só foi edificada por Herrera, sob ordem de Filipe II, a partir de 1580.

Rodeada, além de suas companheiras, de Julián de Ávila e João de São Matias, a quem ela convidara para vir se iniciar na maneira de viver das carmelitas reformadas, Teresa tomou posse de um novo mosteiro no dia 15 de agosto de 1568. Insalubre e mal situado, foi necessário se instalar logo em outro lugar, "com uma grande procissão e muita devoção do povo" (*Fundações* 10,7).

Duruelo (novembro de 1568)

A meio caminho entre Salamanca e Ávila, Duruelo não é senão um lugarejo perdido na planície castelhana. Um pobre casebre, que doam a Teresa, torna-se aí o primeiro convento dos carmelitas descalços. A inauguração foi no dia 28 de novembro de 1568. O antigo prior dos carmelitas mitigados de Medina del Campo, frei Antonio de Heredia, e seu jovem companheiro, com a idade de vinte e seis anos, professam segundo a Regra primitiva do Monte Carmelo. De agora em diante vão se chamar, respectivamente: Antônio de Jesus e João da Cruz.

Alguns meses depois, a madre os vai visitar: "Ao ver aquela casinha, pouco antes inabitável, com um ambiente que, para onde quer que olhasse, achava motivos para me edificar, e compreender como viviam, com que mortificação e oração [...], eu não me fartava de dar graças a Nosso Senhor, com imenso gozo interior, porque me parecia ver um princípio deveras proveitoso para nossa Ordem e para o serviço de Nosso Senhor" (*Fundações* 14,11).

O convento de Duruelo foi logo transferido para a cidade de Mancera de Abajo, a alguns quilômetros dali.

Em julho de 1569, um novo convento de carmelitas descalços foi fundado em Pastrana. O impulso tinha sido lançado. Dez mosteiros de carmelitas descalços já tinham sido fundados quando Teresa narra sua visita a Duruelo.

Toledo (maio de 1569)

Partindo de Ávila, no dia 22 de março de 1569, Teresa se coloca a caminho de Toledo. Duas carmelitas a acompanham, Isabel de San Pablo, sua sobrinha, e Isabel de Santo Domingo. Julián de Ávila, doente, é substituído por padre

Gonzalo de Aranda. No dia 24, dia da Anunciação, o pequeno grupo faz sua entrada na Cidade Imperial.

Toledo já não é mais a capital do reino desde 1560, data em que a corte se instalou em Valladolid. Contudo, ela continua a ser a capital religiosa, sede do arcebispo, primaz da Espanha, e conserva seu título de cidade imperial e *coronada* (coroada). A cidade, que chegou a ter até duzentos mil habitantes, agora não alcança mais que vinte mil. Se a aristocracia castelhana habita nos palácios ou nas casas de passeio dos arredores, a população que anda por suas ruas sinuosas ainda permanece muito miscigenada, como no tempo em que judeus, árabes e cristãos, depois da reconquista por Afonso VI, em 1085, contribuíram para a prosperidade da cidade. Agora, aos mouros ou aos convertidos ajuntam-se, numa mistura variegada, portugueses, flamengos, genoveses, franceses, vênetos e romanos.

Em volta da catedral, de estilo gótico francês, construída de 1227 até o final do século XV, mosteiros, conventos, confrarias, eremitérios ou paróquias são abundantes e rivalizam no zelo religioso, nem sempre isentos do espírito de concorrência, de ciúmes ou de conflitos.

É nesse meio que a herança de um rico comerciante de Toledo permitirá a Teresa instalar uma nova fundação: a *quinta*, costumavam dizer fazendo um trocadilho com a palavra que significa ao mesmo tempo a *de número cinco* e a *casa de campo* (aludindo aos *cigarrales* que cercam Toledo).

A autorização para fundar não foi obtida sem dificuldades. O arcebispo de Toledo, Bartolomé Carranza, cujos *Comentários sobre o catecismo* apresentavam suspeitas de conter proposições inspiradas pelo luteranismo, está preso pela Inquisição. Seu processo tinha começado dez anos antes, em 1559, no próprio ano da publicação do *Índex* (*Cathalogus librorum qui prohibentur*) do inquisidor Valdés, e do primeiro *Index Vaticanus*. Teresa precisou usar de muita habilidade e dar provas, como sempre, de decisão e de diplomacia, para convencer seu substituto, dom Tello Gómez Girón, governador da diocese de Toledo. Numa carta datada de 13 de dezembro de 1568, escrita em Valladolid, ela tinha pedido à sua amiga, dona Luisa de la Cerda, para obter a autorização: "Acho bom não dizerem ao governador que é para mim, senão para casa destas descalças; e contem-lhe o proveito que fazem por onde estão estabelecidas" (*Cartas* 17). Sendo as condições impostas pelo benfeitor inaceitáveis, logo se dá a ruptura com os herdeiros do comerciante toledano.

Depois de uma breve estada junto de dona Luisa, Teresa e as duas monjas tomam posse do lugar no final da tarde. No dia seguinte, ao raiar da aurora, a missa é celebrada. Era o dia 14 de maio de 1569. Sem nenhuma demora, tudo parece coligar-se contra a nova fundação: furor dos vizinhos apavorados; furor da proprietária, uma dama de alta linhagem; furor dos conselheiros que ignoravam a autorização dada pelo governador, ausente por motivo de viagem; indignação do clero; ameaças de excomunhão...

Como de costume, Teresa não se deixa desconcertar. A tempestade faz ecoar seus trovões sobre o novo convento, na rua Santo Tomé, onde a pobreza é extrema. Excetuando dois quadros para ornamentar o altar, toda a sua mobília se compõe de dois colchões e uma manta. Um dia, não se acha sequer um graveto para assar uma sardinha.

A maneira com que a madre evoca esses fatos, revelando o desconhecimento de dona Luisa, mistura humor à sabedoria: "À noite passávamos algum frio, embora nos abrigássemos com a manta e as capas, que às vezes prestam bons serviços. Pode parecer impossível que, estando na casa daquela senhora que tanto me queria, entrássemos com tamanha pobreza! Não sei o motivo, só sei que Deus quis que experimentássemos o benefício dessa virtude. Eu não tinha pedido ajuda a ela porque não me agrada ser um peso e ela talvez não tenha sequer atentado para isso. Na verdade, devo-lhe mais do que tudo quanto ela poderia ter dado" (*Fundações* 15,13).

Pouco tempo depois, algumas pessoas vêm em socorro do novo mosteiro. Despojadas de todo bem, as três carmelitas se acham espoliadas do único bem que lhes resta: a pobreza. "Lamentei que a minha pobreza e de minha companheiras estivesse acabando. Vendo-as acabrunhadas — escreve Teresa — eu lhes perguntei o motivo, e me disseram: 'Que havemos de fazer, madre? Parece que já não somos pobres!'" (*Fundações* 15,14). E Teresa continua a anedota com estas palavras, que revelam um aspecto essencial de sua espiritualidade: "A partir daquele momento, cresceu muito em mim o desejo de sê-lo bastante, ficando fortalecida a determinação de fazer pouco caso dos bens temporais, cuja falta faz aumentar o bem interior, que com certeza traz consigo outra fartura e quietude" (*Fundações* 15,15). Um autor moderno comenta isso de um modo lapidar: "O ter impede o ser".[2]

Mais tarde, uma casa foi comprada, onde o mosteiro de São José de Toledo pôde, enfim, se instalar. Vivem-se aí, de um modo todo particular, espantosas manifestações da virtude da obediência, tal como a daquela religiosa que se lançou no tanque do pomar, saindo toda molhada, só porque,

---

[2] Bosquet, Alain. *La memoire ou l'oubli*. Paris, Grasset, 1990. p. 20.

para prová-la, a priora lhe tinha dito: "Que faria você se eu lhe dissesse para deitar-se ali?" (*Fundações* 16,3).

Outra religiosa quase se afogou num poço pelo simples fato de que, repreendendo-a, a priora lhe tinha dito "que metesse a cabeça no poço e pensasse em seus pecados" (*Fundações* 16,3).

Fioretti de histórias douradas, comovedores pelo seu encanto e ingenuidade: a vida espiritual está por toda parte. E, em torno disso, a história se desenrola. Nesse ano de 1569, a rebelião dos mouros de Alpujarras (região montanhosa ao sul de Sierra Nevada) é duramente reprimida por dom João da Áustria. Em 1570, a Espanha faz aliança com Veneza e com a Santa Sé contra os turcos. No ano seguinte, em Lepanto, a frota cristã, comandada por João da Áustria, esmaga a frota turca de Ali Pacha. Cervantes, que toma parte no combate, é gravemente ferido. A brilhante vitória faz jubilar toda a cristandade. Mas o Império Otomano não foi, contudo, enfraquecido tão depressa. Nesse mesmo ano de 1571, os mouros vencidos se dispersaram por toda a Espanha.

Pastrana (junho de 1569)

Pelos fins do mês de maio de 1569, depois da fundação de Toledo, Teresa, esgotada de fadiga, espera finalmente poder descansar. Um mensageiro, vindo de Pastrana a mando da princesa de Éboli, chega de improviso. A princesa decidiu fundar um convento de carmelitas em seu ducado.

Apesar das reticências, os avisos que Teresa recebe na oração, bem como os conselhos de seu confessor, obrigam-na a partir. Desde o dia 30 de maio, ela está a caminho. Uma parada em Madri, junto de dona Leonor Mascareñas, fundadora do convento de franciscanas onde ela vivia, proporciona o encontro com dois eremitas. Teresa os persuade a se empenharem na nova fundação de carmelitas descalços em Pastrana. Um deles se chama Giovanni Narducci. Pintor, antigo aluno de Sánchez Coello, é ele quem, tornando-se frei João da Miséria, faz o famoso retrato da madre, datado de 2 de junho de 1576 e conservado no Carmelo de Sevilha. O outro, Ambrosio Mariano de Azara, tinha sido engenheiro de grande talento. Vindo de Nápoles, comandante da Ordem de São João de Jerusalém, doutor em teologia, tendo sido vítima de falsos testemunhos, conheceu a prisão. Esses dois personagens tinham levado sua vida de anacoretas no deserto de Tardón, perto de Sevilha. Teresa logo os arrastou atrás de si para a Reforma do Carmelo. Ambos, por humildade, recusaram a ordenação sacerdotal. Mariano de São Bento e João da Miséria foram seus nomes de irmãos leigos.

No entanto, a princesa esperava; era preciso partir novamente. Há muito tempo célebre em virtude de suas sedas mouriscas, Pastrana se encontra a cerca de vinte quilômetros de Guadalajara, em direção para Cuenca. Sobre o largo central, parcialmente rodeado de pórticos, erguia-se o palácio ducal, hoje em ruínas. Uma bela igreja colegiada do século XVI contém os túmulos dos duques.

"Fui ter em Pastrana com a princesa e o príncipe Ruy Gómez, que me deram muita boa acolhida. Ofereceram-me um aposento separado, onde ficamos mais tempo do que eu pensara; porque a casa era tão pequena que a princesa mandara demolir e reconstruir boa parte dela — não as paredes, mas muitas coisas" (*Fundações* 17,12).

Se Teresa sublinha em traços tão rápidos essa idéia ridícula, é porque ela está no caráter da duquesa. Nascida em 1540, Ana de Mendoza y la Cerda era esposa de um grande senhor, Ruy Gómez de Silva, ministro e amigo de Filipe II. Filha de um vice-rei do Peru, ligada às grandes famílias da Espanha, a jovem mulher era célebre por sua beleza, apesar da venda negra que encobria parte do rosto, pois perdera um olho em sua infância. Se a pessoa tinha seus encantos, o caráter não os tinha tantos. Orgulhosa e autoritária, ambiciosa tanto quanto caprichosa, sua duplicidade foi, a seguir, a causa de sua desgraça. Nesse tempo, tinha posto na cabeça a idéia de fundar em suas terras um convento de carmelitas. A fundação se deu no dia 22 de junho de 1569, seguida, algumas semanas mais tarde, pela fundação dos frades carmelitas descalços. Um mau vento parece ter soprado de chofre sobre essas duas fundações.

A princesa, apesar de suas veleidades, que repugnaram a madre, de impor práticas incompatíveis com as Constituições, dedicou-se, logo de princípio, a rodear as carmelitas de amabilidades. O príncipe Ruy Gómez, homem de bom senso, velava pela situação. Mas, com sua morte, em 1573, as coisas não mais prosseguem assim. A bela caprichosa, fazendo-se carmelita no convento de Pastrana, insurge-se contra a priora, irrita-se com todas as monjas, deixa o hábito e volta para casa. E não deixa de fazer menos dura a vida para a comunidade. A partir de 1574, as monjas de Pastrana "fogem" para se reunirem com a comunidade de Sevilha. E a madre conclui: "[…] eu [fiquei] com o maior contentamento do mundo por ver as irmãs em quietude, porque sabia muito bem que nenhuma culpa tinham tido pelo desgosto da princesa, a quem continuaram a servir com deferência mesmo depois de ela ter tomado o hábito" (*Fundações* 18,17). Quanto à princesa, continuou a levar uma vida tumultuosa. Em 1578, Juan de Escobedo, secretário de dom João da Áustria, foi assassinado sob a ordem de Antonio Pérez, ministro do rei. Pérez fugiu.

A princesa, implicada no caso, que foi de grande alarde, foi aprisionada, depois exilada no seu castelo de Pastrana (1581), onde morreu em 1592.

Salamanca (1570)

Estimulada pelo superior dos jesuítas de Salamanca, Teresa aceita fundar um novo mosteiro da primeira Regra nessa grande cidade universitária, onde então ensinavam mestres renomados, como F. Sánchez de las Brozas ou frei Luis de León. A fundação ocorreu em 1º de novembro de 1570. Teresa chegara à cidade, esgotada e doente, com uma companheira. Autorizações, negociações, dificuldades diversas, obstáculos imprevistos, tudo foi, mais uma vez, superado. Mas a que preço!

CAPÍTULO 6

1570-1574

Não imaginemos que esta série ininterrupta de fundações (estamos na sexta) era algo prazeroso para Teresa e suas companheiras. Muito pelo contrário! Sob todos os aspectos, era bem mais um calvário. Algumas linhas da fundadora resumem aquilo que não deixou de se repetir ao longo desses anos: "Não descrevo neste livro das fundações os grandes padecimentos passados pelos caminhos, com frio, com sol, com neve, pois às vezes nevava o dia inteiro, momentos em que nos perdíamos, outros com grandes achaques e febres [...]. Porque me acontecia algumas vezes em que tratava das fundações achar-me com tantos males e dores que chegava a me angustiar muito, pois parecia não poder ficar, mesmo na cela, senão deitada. Eu me voltava para Nosso Senhor, queixando-me à Sua Majestade e perguntando-lhe como queria que eu fizesse o que não podia; depois disso, mesmo havendo sofrimentos, Deus me dava forças [...].

Pelo que me lembro, nunca deixei de fundar por temer sofrimentos, embora pelos caminhos, especialmente nos longos, sentisse muita contrariedade; mas ao começar a andar parecia ter pouca distância a percorrer, vendo a serviço de quem [Nosso Senhor] o fazia e considerando que, na casa a ser fundada, se haveria de louvar o Senhor e abrigar o Santíssimo Sacramento" (*Fundações* 18,4).

Teresa ajunta aqui uma frase que é preciso colocar em seu contexto histórico para apreciar o sentido e alcance: "É para mim um consolo especial ver mais uma igreja, ao lembrar das muitas que os luteranos destroem" (*Fundações* 18,5).

Teresa escreve essas palavras nos anos de 1573-1576. A tão dura intolerância religiosa, imposta até na Espanha, apazigua-se um pouco a partir de 1573, graças ao cardeal Quiroga, inquisidor geral. Mas, em 1558, a descoberta de dois focos protestantes, em Sevilha e em Valladolid, desencadeara uma repressão violenta: processo do arcebispo de Toledo pela Inquisição, interdição de importar livros estrangeiros, auto-de-fé em Valladolid, interdição imposta aos espanhóis de estudarem ou ensinarem nas universidades estrangeiras, colocação no *Índex* de numerosos livros. O Concílio de Trento, aberto de 1545, encerrou-se em 1563. Os teólogos espanhóis (Laínez, Soto, Salmerón) têm nele um papel importante. A monarquia espanhola se identifica estreitamente com a ideologia do Concílio e adota rigorosamente suas conclusões. Desde a época dos reis católicos, a hostilidade com relação aos judeus e aos convertidos se manifestava no estatuto da pureza de sangue, que marginalizava na sociedade todos aqueles que não eram cristãos-velhos (pessoas de ascendência cristã). A revolta contra os mouros junta-se à revolta contra os protestantes dos Países Baixos, onde o duque de Alba faz reinar o terror espanhol com seu Tribunal dos Tumultos (*Tribunal de los tumultos*, 1568).

Na França, o massacre da noite de São Bartolomeu (1572), o assassinato de Coligny e a abjuração de Henrique de Navarra revelam a aspereza do conflito entre protestantes e católicos. Na Espanha, Filipe II, campeão da ortodoxia católica e romana, quer instaurar conjuntamente a unidade política e a unidade religiosa em seu reino. O inquisidor geral Valdés e o teólogo Melchior Cano vigiam a menor manifestação de heterodoxia. A corrente dos iluminados (*alumbrados* ou *dejados*), surgida desde o final do século XV, é sempre suspeita. Próximos do evangelismo de Lefèvre d'Étaples e de Margarida de Navarra, partidários da oração mental, mais inclinados à passividade espiritual que a colocar em obra a fé, mais tocados pelos benefícios de Deus que pela humanidade de Cristo, muitas vezes confundidos com os erasmianos ou com os luteranos, os *alumbrados*, na maior parte convertidos, eram apoiados pelos nobres e pelos ricos burgueses de Castela. Considerados como heréticos, foram perseguidos pela Inquisição durante todo o século XVI. João de Ávila, Inácio de Loyola, Teresa de Ávila e João da Cruz sofreram, quanto a isso, suspeitas por parte dos inquisidores, verdadeiramente inquietos com relação a essa corrente de espiritualidade próxima do gnosticismo, do qual o molinismo, no século XVII, será ainda um manifesto reaparecimento.

As múltiplas alusões difamadoras contra os luteranos sob a pena de Teresa (que nunca faz alusão aos outros reformadores como Calvino, Melanton, Zwinglio...) adquirem importância, sobretudo como adesão explícita à ortodoxia católica, fora da qual, na Espanha de então, não havia absolutamente salvação. Descendente de convertidos, colocando-se ela mesma nas fronteiras da ortodoxia política (em especial mediante sua recusa de aplicar o estatuto da "pureza de sangue" para a admissão em seus conventos), um tanto em afinidade com as correntes espirituais (erasmismo ou iluminismo) mais inclinadas a uma religião interiorizada e à oração mental que à oração vocal e às práticas exteriores do culto, Teresa não podia agir de outra maneira para salvaguardar sua doutrina senão reivindicando fortemente sua adesão à Igreja oficial.

Alba de Tormes.

Alba de Tormes (1571)

A mais de oitocentos metros de altitude, sob a margem direita do Tormes, a vinte quilômetros ao sudeste de Salamanca, Alba de Tormes, cidade famosa na Idade Média, era na época de Teresa dominada pelo palácio do duque de Alba (1508-1582), célebre por sua vitória em Mühlberg (1547), por seus combates na Itália contra os franceses e italianos, e, depois, devido a seu *Tribunal de la sangre* (Tribunal do sangue), que fez reinar o terror em Flandres. A pequena cidade conserva ainda hoje algumas belas igrejas testemunhas de seu esplendor passado, em particular a igreja de San Juan, a igreja de San Miguel (de estilo romano mudéjar), a igreja de Santiago, a igreja de San Leonardo (de estilo gótico).

A fundação do convento das carmelitas se deu no dia 25 de janeiro de 1571, na presença de João da Cruz. Desde o dia 2 de fevereiro, Teresa está a caminho para Ávila.

O modo com que a madre evoca essa fundação revela numerosas circunstâncias que se repetiam com freqüência: o cansaço extremo, as solicitações às quais ela se submete, suas reticências, seus escrúpulos, sua docilidade para com seus conselheiros: "Não transcorreram dois meses desde que se tomara posse, no dia de Todos os Santos, da casa de Salamanca, quando fui interpelada pelo contador do duque de Alba e de sua mulher para fazer nessa cidade uma fundação e mosteiro. Eu não estava muito disposta, porque, sendo um lugar pequeno, seria necessário que o convento tivesse renda, quando minha inclinação era para que nada possuísse. O padre-mestre frei Domingo Báñez, meu confessor [...], que por acaso se encontrava em Salamanca, riu de mim e disse que, como o Concílio permitia ter renda, não seria bom deixar de fazer um convento por essa razão; afirmou ainda que eu devia entender que isso nada impedia as monjas de ser pobres e muito perfeitas" (*Fundações* 20,1).

Nascido em 1528, em Medina del Campo, tendo entrado para os dominicanos em 1546, frei Domingo Báñez, durante muito tempo, teve um importante papel de confessor e diretor espiritual junto de Teresa. É a seu pedido que ela escreve o *Caminho de perfeição*. Discípulo de Melchior Cano, frei Báñez era professor na universidade de Salamanca. Envolvido nas polêmicas sobre a graça e a liberdade, ele foi, mais tarde, atacado fortemente pelo jesuíta Luis de Molina. Morreu em 1604. Teresa tinha grande veneração por ele.

O novo convento das carmelitas encontrava-se nos limites do castelo do duque de Alba, não longe da casa de Juana de Ovalle, irmã de Teresa. Sempre esteve situado aí, como "um convento onde, a meu ver, Sua Majestade é bem servido. Queira ele que assim seja cada vez mais" (*Fundações*

20,14). Quando escrevia essas palavras, Teresa ignorava que seria nesse "pombalzinho"[1] que ela veria seu último dia.

Priora do convento da Encarnação (outubro de 1571)

De volta a Ávila, em abril de 1571, Teresa é nomeada priora do convento de São José. Contudo, o convento da Encarnação, tanto material como espiritualmente, vai de mal a pior. As religiosas, por demais numerosas (são mais de trezentas), têm um gosto muito marcado pelas mundanidades, visitas ao locutório, passeios na cidade. O desleixo se torna intolerável. O visitador, padre Pedro Fernández, comissário apostólico do rei, decide apelar, para remediar a situação, à madre Teresa, que acabou aceitando, no mês de julho, depois de muitas reticências.

No dia 6 de outubro, todo o capítulo está reunido no convento da Encarnação. O provincial dos carmelitas calçados, frei Angel de Salazar, lê a patente do comissário apostólico nomeando priora Teresa de Jesus. A assembléia está agitada. Desde que os projetos de padre Fernández foram divulgados, a revolta cresceu no convento: as religiosas da observância mitigada não aceitam o fato de se lhes impor sua priora. Receiam, também, que se lhes aplique a Regra primitiva, sem que possam fazer alguma coisa. Exclamações, protestos, até mesmo insultos cobrem a voz do provincial antes que ele termine sua leitura. Ao seu lado, Teresa permanece impassível.

---

[1] Expressão característica de santa Teresa para designar seus mosteiros. (N.T.)

Para acalmar o tumulto, o provincial apresenta claramente a questão: as religiosas, querem elas, sim ou não, madre Teresa como priora? A pergunta joga um balde de água fria. Teresa tem suas partidárias. Uma delas, Catalina de Castro, toma a palavra em nome das outras: "Sim, nós a queremos e nós a amamos". Procedeu-se à votação. Teresa é eleita.

Quando o próximo capítulo é convocado, em vez de se instalar na cadeira prioral, Teresa coloca aí a imagem de Nossa Senhora da Clemência, segurando entre seus dedos as chaves do convento. Em seguida, dirige uma pequena exortação à comunidade, que acalma os espíritos. Depois, à guisa de subpriora, ela colocará a imagem de são José, que será cognominada *el parlero* (o tagarela), pois, por contar diversas coisas da comunidade ou pequenas faltas das irmãs para Teresa, ficou assim reputado.

Em alguns meses, com a ajuda de são João da Cruz, chamado como confessor, o convento da Encarnação reencontra a ordem e o recolhimento. As provações, contudo, não foram poupadas à priora. Suas cartas o testemunham: "[…] tenho pouca saúde quase desde minha chegada […]. Antes do Natal deram-me umas febres; passei mal da garganta e por duas vezes fui sangrada e tomei purga. Desde antes de Reis, tenho tido febres quartãs […]. Como vejo quanto o Senhor tem feito e melhorado nesta casa, esforço-me para não ficar na cama, a não ser quando me dá febre, a qual dura toda a noite. Os calafrios começam às duas horas da madrugada, mas não são violentos. No mais, tudo vai bem, por entre tantas ocupações e trabalhos que não sei como se pode dar conta" (*Cartas* 39). "Quanto a mim, tenho sido provada de tal maneira nesta minha terra, que não pareço ter nascido nela: creio que só tive mês e meio de saúde […]; além das quartãs, deu-me uma dor no lado e tive angina. Bastava um desses males para matar, se Deus assim fosse servido; mas não parece que algum haja capaz de fazer-me este benefício [...]. Estou já enfadada de me ver tão imprestável, que, a não ser para a missa, não saio do meu canto, nem posso. Uma dor de dente, que tenho há cerca de mês e meio, é o que me faz sofrer mais. Conto a Vossa Senhoria todos esses males para que não me julgue culpada por não ter escrito a Vossa Senhoria, e veja que tudo são mercês que o Senhor me faz, dando-me o que sempre lhe peço" (*Cartas* 40).

No dia 13 de fevereiro de 1573, Teresa escreve a padre Gaspar Salazar sobre o sucesso obtido no convento da Encarnação: "Faço-lhe saber que nesta casa tem feito o Senhor tantos favores e graças, que verdadeiramente lhe digo: coisa que me dê pesar em matéria de resistir à obediência ou faltar ao recolhimento, não encontro aqui mais do que em São José havia. Parece que vai o Senhor fazendo tantas mercês a todas as almas, que fico espantada". E, fazendo alusão aos carmelitas descalços, em especial a são João da Cruz, precisa: "[...] já há algum tempo pôs como confessor aqui um deles, muito santo, tem feito grande bem [...]" (*Cartas* 48).

Teresa permanece como priora da Encarnação até 8 de outubro de 1574. Catalina de Velasco resume assim seu priorado: "Começou a exercer seu ofício com o coração e sagacidade. Colocava-se ao alcance de cada uma. Imediatamente, todas começaram a amá-la com grande amor. Mesmo as que havia pouco se encontravam na oposição apegaram-se muito a ela. Dava-lhes sua atenção, e tão bem que mesmo antes do término de seu triênio todas pensavam em reelegê-la como priora".[2]

---

[2] Citado por LAUZERAL, Pierre. *Une femme que sut aimer, Thérèse d'Avila.* Paris, Téqui, 1989. p. 176.

Debaixo da aparência dos acontecimentos exteriores, cujas cartas e os testemunhos nos contam, Teresa continua, no entanto, a viver uma experiência íntima de união com Deus sobre a qual todo o resto se fundamenta.

Nas *Relações*, espécie de diário escrito com regularidade de 1569 a 1579, com uma interrupção de 1574 a 1575, Teresa anota as graças sobrenaturais que recebe: visões, palavras divinas escutadas, visões imaginárias ou intelectuais, arroubos.

Em 19 de janeiro de 1572, ela toma nota do seguinte fato: "Na véspera de são Sebastião, no primeiro ano em que fui priora na Encarnação, ao começar a *Salve*, vi na cadeira prioral, onde está Nossa Senhora, descer com grande multidão de anjos a Mãe de Deus e pôr-se ali [...]; aquilo logo me suspendeu muito". E a visão prossegue. A santa Virgem fala. Depois, Deus-Pai toma a palavra: "Entre elas disse-me, mostrando-me o quanto me queria: 'Eu te dei meu Filho, o Espírito Santo e esta Virgem. Que podes tu dar a mim?" (*Relações* 25,1-2).

No dia de Ramos de 1572, ocorreu uma visão que Teresa tem por particularmente certa: em êxtase, sua boca, não podendo engolir a hóstia da comunhão, encheu-se de sangue, que escorreu sobre seu rosto. As palavras de Cristo acompanharam o êxtase: "Filha, eu quero que meu sangue te seja de proveito, e que não tenhas medo de que a minha misericórdia te falte. Eu o derramei com muitas dores, e tu, como vês, gozas dele com tão grande deleite; bem te pago o convite que me fazias neste dia" (*Relações* 26,1). Nesse mesmo dia, durante a ceia vespertina que ela vai tomar apesar de sua fraqueza e vômitos, Cristo apareceu de novo e lhe deu seu pão, dizendo: "Come, filha, e passa como puderes;

pesa-me o que padeces, mas isso te convém agora". E Teresa acrescenta: "Vi-me libertada daquele pesar e consolada, porque me pareceu verdadeiramente que ele estava comigo, o que me perdurou por todo o outro dia, satisfazendo-se com isso o meu desejo. O fato de ele dizer: 'pesa-me' me faz pensar, porque me parece que ele já não pode ter pena de nada" (*Relações* 26,2).

Outros fenômenos sobrenaturais se produziram na Encarnação: palavras divinas de consolação ou de encorajamento, declarações sobre a graça e a humildade, sobre o bom uso das imagens piedosas, aparição da Santíssima Trindade, ânimo para as mortificações e para a aceitação do sofrimento... Teresa narra tudo isso escrupulosamente, seguindo o conselho que recebera do próprio Cristo: "Não deixes de escrever os avisos que te dou, para que não os esqueças; se queres por escrito os dos homens, por que pensas que perdes tempo em escrever os que eu te dou? Tempo virá em que terás necessidade de todos eles" (*Relações* 28,1).

As opiniões que recebe sobre a união mística são particularmente esclarecedoras para Teresa. Compreende que a união "é estarem a nossa vontade e o nosso espírito em tal sintonia com o de Deus que só a pode ter quem estiver em estado de graça" (*Relações* 29,3).

Foi ainda na Encarnação, ao correr do ano de 1572, que Teresa recebeu a graça do matrimônio espiritual, que se repetiu outras vezes. João da Cruz foi a ocasião para isso. Ele, querendo mortificar o apetite espiritual da madre, não lhe deu para comungar senão a metade de uma hóstia. Imediatamente o Senhor interveio para a consolar dizendo: "'Não tenhas medo, filha, que alguém tenha poder para afastar-te de mim'. Assim, ele me dava a entender que isso não importava".

Depois, em visão imaginária, Cristo deu sua mão direita a Teresa e, com estas palavras, celebrou o matrimônio místico: "Olha este prego, que é sinal de que serás minha esposa de hoje em diante. Até agora não o tinhas merecido; doravante, defenderás minha honra não só como Criador, como Rei e como teu Deus, mas como verdadeira esposa minha. Minha honra é a tua, e a tua, minha" (*Relações* 35,1).

Ao que parece é entre os anos de 1571 e 1572, sem dúvida em Ávila, que a madre escreveu os *Conceitos do amor de Deus*, com base em alguns versículos do *Cântico dos cânticos*. Sua obra contém tanto conselhos para os religiosos, como considerações sobre a vaidade do mundo ("E que disparate muito maior é o acabar-se o sonho desta vida com tanto siso!" [*Conceitos* 3,8]), a exaltação da "grandeza incomparável de Deus" (*Conceitos* 4,4), a incitação à oração de união cujo mais alto grau é a união amorosa: "O amor me parece uma seta enviada pela vontade que, se for com toda a força que esta tem, livre de todas as coisas da terra, voltada apenas para Deus, deve ferir muito seriamente Sua Majestade, de modo que, cravando-se no próprio Deus, que é amor, volta dali com enormes ganhos" (*Conceitos* 6,5).

A quem duvidasse da realidade sobrenatural de todos esses fenômenos, Teresa responde expressamente que não se trata nem de ilusões, nem de melancolia, nem de "tentativas feitas pela própria natureza" (*Conceitos* 6,12). O tempo que passa enquanto as virtudes permanecem e o amor que se inflama sem que seja possível escondê-lo revelam que se trata de favores divinos concedidos a certas almas. E ela, por fim, acrescenta este critério definitivo: "Outras almas, mesmo sem o querer, disso obtêm proveito" (*Conceitos* 6,12).

É durante esse tempo de 1572 a 1574 que as relações espirituais entre Teresa de Jesus e João da Cruz foram as mais regulares e as mais íntimas. A influência recíproca que eles exercem um sobre o outro, as convergências e as divergências entre suas doutrinas, as semelhanças e as diferenças entre seus modos de experiências místicas, as afinidades ou oposições entre suas personalidades e suas concepções de mundo, todos esses pontos são ainda pontos de controvérsia. Múltiplos são os caminhos que conduzem ao Absoluto. Parece que, se os caminhos espirituais de João e Teresa muitas vezes se cruzaram, se, no essencial, eles se correspondem estreitamente, eles também se distinguem bastante. João da Cruz é mais categoricamente despojado de tudo, alguém que aspira ao *nada* para encontrar o Tudo, como um ébrio do absoluto; Teresa é mais próxima das realidades concretas, muito mais vinculada às visões interiores, mais afetada pelo êxtase ou pelos arroubamentos, amante de Deus.

No entanto, uma célebre cena os põe juntos de uma maneira que nos comove. No locutório da Encarnação — que ainda pode ser visitado —, sentados cada um de um lado da grade, eles conversavam sobre coisas espirituais. O objeto do colóquio era o mistério da Trindade. De repente, vêm procurar Teresa. Uma porta se entreabre. Uma monja, Beatriz de Ocampo — que surpreende os dois conversando é que relata o acontecimento — os vê, tanto um como o outro, arrebatados, em êxtase diante do insondável mistério. Teresa sentada sobre sua cadeira; João da Cruz, de pé, como que transportado ao céu.

Ávila: o locutório do convento da Encarnação.

Capítulo 7

1574-1576

Segóvia (1574)

No entanto, a Reforma do Carmelo, que segue seu curso, exige de Teresa numerosas viagens. No mês de fevereiro de 1573, Teresa faz uma breve estada em Alba de Tormes. No mês de agosto, ei-la em Salamanca. Aí, em obediência a padre Ripalda, começa a redigir o *Livro das fundações*. Pouco depois, dá os primeiros passos para a fundação de Beas de Segura. No mês de setembro, de volta a Salamanca, recebe, em oração, a inspiração de ir fundar em Segóvia. No mês de janeiro de 1574, Teresa empreende uma longa peregrinação em Castela, em companhia de João da Cruz, Julián de Ávila e Antonio Gaytán, um fidalgo de Alba de Tormes que se fizera protetor da Ordem reformada.

Um dia eles deparam-se, fincadas sobre a confluência de dois pequenos rios, com as torres e os torreões de Alcazar; depois, as cúpulas douradas da catedral erguida no reinado de Carlos V; em seguida, o majestoso aqueduto romano construído, em pedras de granito de Guadarrama, na época do imperador Trajano. A velha cidade está rodeada de muralhas flanqueadas de torres. Cidade importante na Idade Média, Segóvia era célebre por sua participação, em 1520, na revolta dos *comuneros*. As fábricas de tecido e de lã contribuíram, desde a época árabe, para sua prosperidade.

A fundação de Segóvia se deu no dia 19 de março de 1574. Foi muito movimentada. Obtida as autorizações, uma casa foi encontrada graças à dona Ana de Jimena, que se tornou religiosa depois de sua viuvez. Com relação a esse particular, "pouco trabalho" (*Fundações* 21,4), como declara a fundadora, que, no entanto, "não tem um centavo" (*Fundações* 21,2) no bolso. "Mas — acrescenta — para não haver fundação sem sofrimento, fiz a viagem com muita febre, fastio, males de securas interiores e muitos problemas corporais que muito me afligiram por três meses; e, no meio ano em que ali estive, passei mal" (*Fundações* 214).

No dia da fundação, João da Cruz celebra a missa. De repente, irrompe o Provedor. Substituindo o bispo ausente, ele ignorava que a autorização necessária fora dada por ele. Furibundo, o Provedor ameaça enviar João da Cruz para a prisão e despedir toda a comunidade. Esperando, ele posta à porta, com armas, um aguazil como sentinela.

Também aqui, como acontecia em todas as fundações, foi preciso desfazer o nó inextricável de autorizações diversas (do superior geral, do provincial, do bispo, de diferentes conselhos), muitas vezes contestadas por aqueles mesmos que, antes, tinham dado sua aquiescência, e mal-entendidos bem complicados, múltiplas dilações, atrasos imprevistos, inúmeros obstáculos.

Nessa confusão jurídica, canônica e teológica, o sucesso de cada uma das fundações efetuadas por Teresa tem algo de proeza. Todas as vezes, benevolentes intervenções se deram e, não raro, da maneira mais inesperada. Teresa sempre via nisso o efeito da vontade de Deus. E ela jamais deixa de pedir, para todos esses protetores, orações de ação de graças.

"É bom, filhas minhas que ledes estas fundações, que saibais o débito que temos com eles para que — porque, sem nenhum interesse, eles labutaram muito para o bem que fruís vivendo nesses mosteiros — os encomendeis a Nosso Senhor, dando-lhe algum proveito com vossas orações; se soubésseis quantos dias e noites difíceis passaram, e os sofrimentos que tiveram pelo caminho, vós o faríeis de muito boa vontade" (*Fundações* 21,7).

De volta a Ávila, Teresa, terminado seu mandato de priora, retorna no início do mês de outubro de 1574 para o convento de São José.

A aventura das fundações, restrita até então a Castela, vai logo prosseguir numa outra província, a Andaluzia, com a qual Teresa, aliás não menos do que João da Cruz, nunca terá muito afinidade.

Beas de Segura (fevereiro de 1575)

1575. A ortodoxia religiosa impôs-se, com muito esforço, na Espanha. Mas a insurreição estoura nos Países Baixos, onde o general Luis de Zuñiga y Requesens sucedeu, há dois anos, ao duque de Alba, como governador dessas províncias tão rebeldes do norte. Em 1573, a paz de La Rochelle concedeu uma trégua aos huguenotes do reino da França, onde Henrique III sucede, em 1574, a Carlos IX, depois de um triste reinado. As guerras de religião continuam marcadas pela vitória católica de Dormans (Marne) em 1575. Na batalha, Henrique de Guise, o futuro chefe da Santa Liga, foi ferido com um golpe de arcabuz, o que lhe valerá o cognome de o Ferido. Vai logo se aproximar de Filipe II, o que fará Ticiano pintar um célebre quadro em 1574. O rei da Espanha, com mão de ferro, impõe a seu reino, conjuntamente, a unidade política e a unidade religiosa.

Em 1575, Sebastián de Córdoba publica um livro que terá grande influência sobre a inspiração poética de João da Cruz: as Obras de Boscán e Garcilaso de la Vega *a lo divino*, isto é, adaptadas para temas cristãos e religiosos. A moda das transposições *a lo divino* de obras profanas intensifica-se na época da Contra-Reforma, sob o impulso do Concílio de Trento. O rei Filipe II vê com bons olhos a volta do Carmelo à Regra primitiva. Ele, quase sempre, será um grande apoio para Teresa em suas tribulações.

Teresa vem a empreender uma grande viagem até os confins de Castela. No dia 16 de fevereiro de 1575, chega a Beas de Segura.

Sobre a vertente meridional da Sierra Morena, não longe de Navas de Tolosa, deu-se, em 1212, a famosa vitória dos reis de Castela, Aragão e Navarra sobre as tropas de Mohammed Abou Abd Allah. Beas de Segura é uma pequena cidade andaluza.

A fundação ocorreu no dia 24 de fevereiro. "As monjas vieram no princípio da Quaresma do ano de 1575. O povo as recebeu com grande solenidade, muita alegria e uma procissão. De modo geral, foi grande o contentamento; até as crianças revelavam ser uma obra em que se serviria a Nosso Senhor. O mosteiro, chamado São José do Salvador, foi fundado na mesma Quaresma, no dia de são Matias" (*Fundações* 22,19).

O encontro com Gracián

Um encontro decisivo se deu aí. "Eu ainda estava em Beas esperando a licença do Conselho das Ordens para a fundação de Caravaca, quando me procurou ali um padre da nossa Ordem, dos descalços, chamado mestre frei Jerônimo de la Madre de Dios, Gracián, que há poucos anos tomara o hábito em Alcalá, homem de muito conhecimento, entendimento, modéstia, por toda a vida muito virtuoso. Parece que Nossa Senhora o escolheu para o bem desta Ordem primitiva, quando ele estava em Alcalá, bem longe de pensar em tomar o nosso hábito" (*Fundações* 23,1).

O tom entusiasmado e enfático, empregado por Teresa para evocar frei Gracián, jamais se desmentirá. Deixou-se tomar por ele de uma verdadeira paixão. Ela tinha sessenta anos. Gracián, trinta. Por sua experiência mística e por sua experiência da Reforma carmelitana que empreendera, ela se torna sua mãe espiritual. Por sua submissão, docilidade, obediência e admiração, ela se torna sua filha espiritual. Sem demora, uma relação muito forte se estabelece entre Teresa e Gracián.

Personagem curioso esse frei Gracián! Pertencia a uma grande família onde muitos membros estiveram nos círculos de relacionamento com Carlos V ou de Filipe II. Visitador apostólico dos frades e monjas carmelitas descalços da Andaluzia, estava então em viagem de inspeção. A veneração particular que ele devotava, desde a infância, a Nossa Senhora impelira-o a entrar no Carmelo mais que na Companhia de Jesus, que, primeiramente, o atraíra. Fez sua profissão no convento de Pastrana. Ao correr do ano de seu noviciado — escreve Teresa —, ele "mostrou a humildade de um dos menos importantes noviços" (*Fundações* 23,9).

Bom conversador, de caráter afetuoso e alegre, Gracián tinha o dom de agradar. Inteligente, tenaz, grande conhecedor da teologia, desprovido de malícia, sofria, contudo, de uma certa falta de lucidez sobre os seres e os acontecimentos.

O encontro com Teresa, que ocorreu em abril ou maio de 1575, foi precedido por algumas cartas. "Fiquei deveras feliz ao saber que ele ali se encontrava, porque desejava muito vê-lo devido às boas notícias que me davam a seu respeito; alegrei-me ainda mais quando comecei a tratar com ele, porque foi tal o meu contentamento que julguei que os que o elogiaram não o tinham conhecido" (*Fundações* 24,1).

E Teresa continua: "[...] eu estava muito angustiada e, ao vê-lo, mostrou-me o Senhor, ou assim me pareceu, o grande bem que dele haveria de vir; e fiquei tão consolada e contente aqueles dias que causava espanto a mim mesma. Ele só era então comissário da Andaluzia, mas estando em Beas tinha sido chamado pelo Núncio para receber a incumbência de cuidar dos descalços e descalças da província de Castela. Era tamanho o prazer que me invadia o espírito que naqueles dias eu não me cansava de dar graças a Nosso Senhor, nem queria fazer outra coisa" (*Fundações* 24,2).

Teresa amou com todo o seu coração aquele a quem chamava de Vossa Paternidade, ou então de "meu Paulo" (fazendo alusão à vida movimentada do apóstolo), ou ainda de "meu Eliseu" (pois, como o discípulo de Elias, Gracián era calvo). "Teresa amou-o — escreve Marcelle Auclair — como uma mãe, como uma irmã, como ama uma santa que alcançou tal grau de pureza que as expressões mais vivas do amor, nos seus lábios, jamais podem prestar-se a equívocos".[1] Certa vez até viu, em visão imaginária, Cristo, fazendo o ofício de casamenteiro (*casamentero*), uni-los para sempre um ao outro.

---

[1] Para as citações da biografia escrita por Marcelle Auclair, remetemo-nos à edição brasileira: AUCLAIR, Marcelle. *Teresa de Ávila*. São Paulo, Quadrante, 1995. p. 246.

Junto de Teresa, guiado e impelido por ela, Gracián terminará por atingir a mais cara meta da fundadora: a separação dos carmelitas descalços dos carmelitas calçados em províncias autônomas.

Sevilha (maio de 1575)

Gracián decidiu que uma nova fundação de carmelitas devia ser feita em Sevilha. Teresa está reticente: "Eu, embora tivesse sempre recusado a fazer conventos na Andaluzia, por vários motivos (quando fui a Beas, eu não teria fundado de modo algum se soubesse que estava na província da Andaluzia; enganei-me porque a terra andaluza só começa quatro ou cinco léguas depois, mas o lugar já é parte da província), vendo ser essa a determinação do prelado, logo me rendi (pois o Senhor me deu a graça de achar que em tudo acertam), mesmo decidida a fazer outra fundação e tendo graves motivos para não ir a Sevilha" (*Fundações* 24,4).

No dia 10 de maio, à frente de algumas monjas, acompanhada de Julián de Ávila, Antonio Gaytan e um carmelita descalço, Teresa põe-se a caminho de Sevilha. "Íamos em carros bem cobertos, pois era esse o nosso costume, e, ao entrar na pousada, tomávamos um aposento, fosse ele bom ou ruim, e uma irmã recebia na porta o de que precisávamos, pois os que iam conosco não entravam.

Com a nossa pressa, chegamos a Sevilha na quinta-feira anterior à Santíssima Trindade, tendo padecido um grande calor pelo caminho, porque, apesar de pararmos durante as sestas, eu vos digo, irmãs, que como o sol incidia em cheio nos carros, entrar neles era um purgatório. Mas aquelas irmãs ora pensando no inferno, ora sentindo que faziam ou sofriam alguma coisa por Deus, seguiam com grande contentamento e alegria. Porque as seis que iam comigo eram almas tais que eu sinto que poderia ir com elas à terra dos turcos, porque teriam têmpera, ou melhor, Nosso Senhor lhes daria para sofrerem por ele, para ir até lá, pois esses eram seus desejos e o objeto de suas conversas, sendo elas muito exercitadas em oração e mortificação — porque, como tinham de ficar tão longe, procurei que fossem as que me pareciam mais preparadas para tanto. E isso foi necessário, tamanhas foram as tribulações passadas; a algumas, as maiores, não me referirei, para não comprometer ninguém" (*Fundações* 24,5-6).

No caminho, a madre é vítima de um desses violentos acessos de febre aos quais muitas vezes estava sujeita. "Foi de tal modo que eu andava numa espécie de entorpecimento, tamanha a minha perda da noção das coisas" (*Fundações* 24,7).

A viagem se torna um calvário. Não se conseguia descanso senão quando um sofrimento agudo estava à caça de outro que lhe fosse menor. A travessia de barca do Guadalquivir acabou por terminar numa catástrofe. Para alcançar a ponte na entrada de Córdoba, foi preciso serrar as carroças maiores. Com o véu descido sobre o rosto, com suas capas de burel branco, pés desnudos em suas sandálias, as religiosas puderam, enfim, assistir à missa, mas "as pessoas faziam um alvoroço semelhante ao da entrada de touros" (*Fundações* 24,14). Depois do meio-dia, para a sesta, encontraram abrigo debaixo de uma ponte...

Quando se pensava que tudo estava arranjado, outras dificuldades surgiram em Sevilha. "A razão verdadeira, porém — comenta a fundadora —, é não ter o Senhor querido fundação sem muito sofrimento meu; umas de um jeito, outras de outro" (*Fundações* 24,15).

Por fim, a primeira missa da fundação é celebrada. Novamente, obstáculos são aplainados. A intervenção de Lorenzo, de volta das Índias, onde permaneceu trinta e quatro anos, facilita a instalação da comunidade numa casa conveniente. A oposição dos vizinhos franciscanos, que temiam a concorrência na distribuição das esmolas, é superada. O mosteiro acaba por ser inaugurado, com grande solenidade.

Caravaca (1576)

Hoje na província de Múrcia, a pequena cidade fica próxima de Beas de Segura. O lugar é pitoresco; as casas se estendem sobre uma colina dominada por um castelo. Todos os anos, no início do mês de maio, é comemorado com fervor o milagre que se deu em 1232. Entre aqueles que o rei mouro fez prisioneiros, havia um sacerdote. Este celebrava a missa sobre um altar desprovido de cruz. De repente, uma cruz apareceu milagrosamente. Diante de tal prodígio, o rei mouro converteu-se. A cruz — hoje roubada —, tida como um pedaço da verdadeira cruz, foi objeto de uma veneração extraordinária.

É aí que, depois de muitas dificuldades, a fundação do novo convento das carmelitas descalças, graças à intervenção do rei, vai se realizar. "É dom Filipe tão amigo de agraciar os religiosos que procuram guardar sua profissão; sabedor da maneira de proceder nesses conventos, que são da Regra primitiva, em tudo nos tem sido favorável. Assim, filhas, eu vos rogo muito que sempre façais uma oração especial por Sua Majestade, como agora fazemos" (*Fundações* 27,6).

Teresa não assistiu a essa fundação, que se deu em 1º de janeiro de 1576. Permanecendo em Sevilha, delega Ana de Santo Alberto como sua substituta.

Ao narrar esses acontecimentos, a madre, dirigindo-se sempre às suas religiosas, não faz as vezes de cronista impassível ou objetiva. Muito pelo contrário! Ele intercala seu relato com a confissão de seus estados de alma, de suas emoções, de suas alegrias, até mesmo de sua indignação contra certos comportamentos, mas sempre os atenuando com um traço espirituoso ou de ironia, ou com uma palavra caridosa. Toma muito cuidado, em primeiro lugar, de render as devidas homenagens ao verdadeiro autor dessas fundações que lhe custaram tantas penas: "[...] e, se virdes bem, sabereis que a maioria dessas casas não foi fundada por homens, mas pela mão poderosa de Deus, bem como que Sua Majestade gosta de levar adiante suas obras, desde que não sejamos empecilho. De onde pensais que uma mulherzinha como eu tiraria forças para tão grandes obras, estando submetida a outras pessoas e sem um centavo, nem quem a favorecesse?" (*Fundações* 27,11).

Em sua história, Teresa também insere toda a sua experiência, de uma extrema riqueza, sobre a vida espiritual. Todos os seus escritos podem, assim, ser lidos como um diário de sua alma. Ao mesmo tempo, ela multiplica os conselhos e avisos, em especial às jovens monjas: "[...] que cada uma que vier faça de conta que nela recomeça a Regra primitiva da Ordem da Virgem Nossa Senhora, não consentindo de modo algum que haja relaxamento seja no que for. Vede de que pequenas coisas se abre a porta para muito grandes e que, sem que o percebais, vai entrando o mundo" (*Fundações* 27,11).

"A vida é viver sem temer a morte nem os acontecimentos da existência, e ter essa alegria habitual que agora tendes todas vós, bem como essa prosperidade, que não pode ser maior, que não teme a pobreza, mas até a deseja. Pois a que se pode comparar a paz interior e exterior com que sempre estais? Está em vossas mãos viver e morrer com ela [...]" (*Fundações* 27,12).

Nesse mesmo ano de 1576, Domenico Théotocopoulos, dito o Grego, instala-se em Toledo. Enquanto as carmelitas aspiram ao claustro, em Sevilha, Valladolid, Madri, e ainda em outras cidades, diversos teatros (*corrales*) inaugurados em 1575 atraem multidões de espectadores.

Capítulo 8

1576-1580

No início do mês de junho de 1576, Teresa deixa Sevilha e se instala no convento de Toledo. Prossegue aí a redação do *Livro das fundações*. Também escreve, no mês de agosto, um breve tratado sobre a *Maneira de visitar os conventos*.

A luta entre frades descalços e mitigados

Contudo, a perseguição está no auge contra a Reforma carmelitana. "Acabada a fundação de Sevilha, as fundações pararam por mais de quatro anos. A causa disso foi o começo de grandes perseguições contra os descalços e descalças; e, embora já tivesse havido muitas, nenhuma teve tal intensidade, ameaçando nossa própria existência. Mostrou-se bem o quanto o demônio se lamentava desse santo princípio começado por Nosso Senhor e que, por ser obra sua, foi adiante. Os descalços muito padeceram, em especial os que estavam à frente da Ordem, com graves calúnias e contrariedades provocados por quase todos os padres calçados" (*Fundações* 28,1).

Eis em resumo, e de uma maneira tanto lúcida como categórica, uma história tumultuada e muito embaraçada, em que diversos aspectos já foram evocados. Política e religião, papéis do papa ou do rei, também dos superiores, palavras dadas e retomadas, alianças ou oposições de pessoas e instituições, benevolência ou má-fé, autorizações concedidas, respostas dilatórias ou obrigações violentas, tudo isso se mistura de uma maneira tão inextricável que, ainda hoje, todos os fios do caso não foram desenredados. Teresa, com algumas frases, diz o essencial.

Com efeito, um mau vento sopra sobre a Reforma do Carmelo. O Capítulo Geral da Ordem foi convocado em Piacenza, na Itália, no dia 29 de maio de 1575. Desde então, a ofensiva dos mitigados contra os descalços — frades e monjas — bate em cheio. Passemos por cima dos detalhes, complexos e atrapalhados, para os múltiplos aspectos de relevância. Cada um estava seguro de sua legitimidade; a situação parecia inextricável. O geral da Ordem, frei Rúbeo, concede autoridade sobre o Carmelo espanhol a padre Tostado. Uma interdição para prosseguir suas fundações foi notificada a Teresa. O atraso dos correios complica ainda mais uma situação já bastante atrapalhada. Por exemplo, uma interdição para fundar que chega depois que a fundação já foi feita. Daí provêm mal-entendidos, suspeitas, vexações, dissensões sem fim. O rei Filipe II coloca-se no meio da questão, querendo tirar proveito para seus próprios projetos de unificação política do reino. O núncio Ormaneto sustenta o rei contra frei Rúbeo. É assim que ele nomeia Gracián como comissário dos descalços em Castela e provincial dos calçados na Andaluzia. O superior geral, frei Rúbeo, está evidentemente furioso. A madre pega da pena para defender seu protegido. Quanto a ela, declara-se pronta a ficar retirada em um de seus conventos. Todavia, a Inquisição, a quem a princesa de Éboli fez chegar, com más intenções, um exemplar do *Livro da vida*, mantém Teresa sob vigilância, apesar da aprovação que recebeu de dois leitores eminentes: João de Ávila e frei Ibáñez. Todo traço de iluminismo poderia ser fatal a esse livro que acabará por ser plenamente aprovado pelo grande inquisidor Quiroga, no mesmo ano de 1577. O convento de Sevilha, denunciado de maneira malévola, também foi objeto de inspeção por parte da Inquisição.

* * *

"A falta que há nesta terra em matéria de pescado é uma lástima para estas irmãs; e assim gostei de receber os besugos. Penso que poderiam ter vindo sem pão, porque o tempo está frio" (*Cartas* 165).

Essas linhas são extraídas de uma longa carta que Teresa escreve de Toledo, no dia 2 de janeiro de 1577, a seu irmão Lorenzo. Revelam bem o cuidado atento e advertido que a madre tinha com relação às coisas mais concretas da vida. O pão, ao qual ela faz alusão, designa as fatias de pão que envolviam o peixe para que conservasse seu frescor. Assim, indo das coisas da vida aos conselhos espirituais, essa longa carta de Teresa a seu irmão termina com a remessa de um poema composto "estando em muita oração, e parecia-me achar descanso nisso".

Partindo da beleza de Deus, o poema celebra de maneira muito expressiva o próprio princípio da experiência mística: a união de amor entre a criatura e o objeto transcendente, na qual tudo se acaba e que acaba tudo.

Ao contrário de são João da Cruz, que é considerado um dos maiores poetas da literatura espanhola, Teresa não recebeu o dom da poesia. No entanto, este poema de Teresa, por suas qualidades poéticas, pelo laconismo da expressão a serviço de uma força expressiva, pelo jogo sutil dos oxímoros ou das antíteses, pela oposição entre a beleza de um e o nada do outro onde ele se desenvolve, pode ser apreciado como uma composição literária de grande valor. Sua densidade espiritual e a intuição propriamente mística que ele desenvolve são ainda mais surpreendentes aqui, no contexto de uma carta tão prosaica. Nessa aliança de realismo e de espiritualidade, o poema conduz ao centro da experiência mística teresiana:

Formosura que excedeis
A todas as formosuras,
Sem ferir, que dor fazeis!
E quão sem dor desfazeis
O amor pelas criaturas!

Ó Laço que assim juntais
Dois seres tão diferentes,
Por que é que vos desatais
Se, atado, em gozos trocais
As dores as mais pungentes?

Ao que não tem ser, juntais
Com quem é Ser por essência;
Sem acabar, acabais;
Sem ter o que amar, amais;
Em nos ergueis da indigência (Cartas *165*).[1]

---

[1] Esta poesia de santa Teresa está classificada, no conjunto de suas composições poéticas, como *Poesias* 6. Eis o texto original: "Oh Hermosura que excedéis/ A todas las hermosuras! / Sin herir dolor hacéis,/ Y sin dolor deshacéis/ El amor de las criaturas.// Oh ñudo que así juntáis/ Dos cosas tan desiguales,/ No sé por qué os desatáis,/ Pues atado fuerza dais/ A tener por bien los males.// Juntáis quien no tiene ser/ Con ele Ser que no se acaba:/ Sin acabar acabáis,/ Sin tener que amar amáis,/ Engrandecéis nuestra nada". (N.T.)

No dia 2 de junho de 1577, sempre no convento de Toledo, Teresa começa a escrever o livro das *Moradas*, tal como Gracián lhe ordenara. Uma viagem a Ávila, a fim de colocar o convento de São José sob a jurisdição da Ordem, interrompe a redação. O livro fica pronto no dia 29 de novembro, em São José de Ávila.

O núncio Ormaneto morreu no dia 18 de junho. Era um dos melhores defensores da Reforma. Desde o fim de julho, Gracián envia a madre para Ávila a fim de colocar o convento de São José, então sob a obediência dos carmelitas da Observância,[2] sobre a autoridade dos carmelitas descalços. Depois, Gracián destina Teresa para esse convento. Ela aí permanecerá por dois anos.

Contudo, entre calçados e descalços, o conflito cresce no ódio. O novo núncio, Sega, toma partido contra a Reforma. Todos os meios são úteis para impedir sua expansão.

No mês de outubro de 1577, as religiosas da Encarnação devem eleger sua priora. Escolhem Teresa. A eleição transforma-se em um drama. "Devo dizer a Vossa Reverência — escreve — que se passa aqui na Encarnação uma coisa, que, penso, nunca se viu outra semelhante. Por ordem do Tostado, veio aqui o provincial dos calçados fazer a eleição, completam-se hoje quinze dias; e trazia grandes censuras e excomunhões para as que me dessem voto. E, apesar de tudo isso, não se importaram e, como nada se lhes houvessem dito, votaram em mim cinqüenta e cinco monjas. A cada voto que entregavam ao provincial, ele as excomungava e maldizia, e, com o punho fechado, amarrotava os votos e os socava e jogava ao fogo. Deixou-as excomungadas faz hoje quinze dias [...]" (*Cartas* 206).

---

[2]   Entenda-se: os frades que observam a Regra mitigada. (N.T.)

Era esse o clima de violência exacerbada dentro do qual o conflito prosseguia.

O rapto brutal, na noite de 3 de dezembro de 1577, de dois carmelitas descalços confessores do convento da Encarnação — João da Cruz e frei Germán — revela a veemência da crise. É frei Maldonado, prior do convento dos carmelitas mitigados de Toledo, nomeado provincial, que conduz a operação. Encarcerado no convento de Toledo, João da Cruz padece, durante quase nove meses, os piores insultos. Ninguém sabe onde ele está. Desde o dia 4 de dezembro, Teresa toma de sua pena e faz apelo ao rei, protetor da reforma. Denunciando os procedimentos de frei Maldonado, escreve: "[...] [Maldonado] levou-os presos ao seu mosteiro, depois de arrombadas as celas e tomados os papéis que tinham. Está todo o lugar bem escandalizado, por verem como, não sendo prelado nem mostrando com que autoridade assim agiu —, pois os calçados estão sujeitos ao comissário apostólico — atreverem-se a tanto, nesta cidade que tão perto está de onde reside Vossa Majestade. Dir-se-ia não temem a justiça, nem a Deus. Da minha parte, fico muito aflita por ver os nossos em mãos de seus contrários, que há bastante tempo o premeditavam; mais quisera eu vê-los entre mouros, pois talvez usassem de mais piedade [...]. Por amor de Nosso Senhor suplico a Vossa Majestade mande que o mais breve possível o libertem, e que se dêem providências para não sofrerem tanto, com os do pano, todos esses pobres descalços" (*Cartas* 212).[3]

---

[3] "Frades do pano" são os calçados, pois, com a observância menos austera do voto de pobreza, tinham seus hábitos confeccionados não só com modelos mais amplos, mas também com panos mais caros. (N.T.)

O rei Filipe II tenta se opor às manobras do núncio. Gracián, entre duas linhas de combate, ora submisso às vontades do rei, ora obediente ao núncio apostólico, acumula as faltas de destreza.

As perseguições continuam durante todo o ano de 1578. No dia 17 de abril de 1578, Teresa escreve para Gracián, fazendo alusão aos carmelitas mitigados: "Eles julgam não ir contra Deus, porque têm a seu favor os prelados. Com o rei não se importam, vendo como a tudo quanto fazem cala. Se porventura se atrevessem a algum atentado contra Vossa Paternidade, seria em muito má ocasião, porque, sem falar na grande pena e aflição que a todos causaria, ficariam os nossos desanimados e perdidos" (*Cartas* 234).

E é bem isso o que acontece. O núncio Sega, em julho de 1578, tira de Gracián seus poderes de visitador apostólico. Desde o mês de agosto, o conselho real proíbe aos carmelitas descalços se submeterem à autoridade de Sega. Este replica, ordenando que prendam Gracián.

Durante o Capítulo de Almodóvar del Campo (outubro de 1578), os carmelitas descalços elegem um provincial e são erigidos como província independente. Uma série de malentendidos, onde a ingenuidade de Gracián tem sua parte, conduziu a essa situação inextricável, na qual cada um tem bons motivos para acreditar que está com a razão, mas que não faz senão envenenar a querela.

Sega, furioso, excomunga os capitulares; dá ordem para prender tanto Gracián como Antônio de Jesus, em diferentes conventos. Todos os reformados, monjas e frades, são colocados autoritariamente sob a tutela da Observância (16 de outubro de 1578).

Reina, então, a maior confusão. O rei se cala. O núncio, sentindo-se ridicularizado, está indignado. Teresa, desesperada. A cizânia ganha terreno mesmo nos conventos da primeira Regra. A crise está em seu auge.

Frei Rúbeo, superior geral do Carmelo, morreu na noite de 4 de setembro de 1578. Teresa, no convento de São José, segue com atenção o desenvolvimento da querela. Suas cartas refletem sua inquietação: "Não sei se os do pano terão prendido frei João da Miséria, pois nunca mais apareceu desde que o viram pela última vez" (*Cartas* 258). "Há já nove casas de descalços, com muitos religiosos de valor. Como não temos província própria, são tantas as opressões e trabalhos com os do pano, que não se podem descrever" (*Cartas* 260). "É coisa terrível como anda tudo agora e como os ajuda [aos calçados] o demônio" (*Cartas* 261).

O ano de 1578 termina num clima de guerra fratricida. Mas, apesar disso, grandes acontecimentos sobrevieram. O desastre de Alcazar Quibir, no Marrocos, onde o rei Sebastião de Portugal desapareceu, vai permitir que Filipe II se apodere desse reino dois anos mais tarde. O assassinato de Escobedo, as acusações contra Antonio Pérez, a morte de João da Áustria, todos esses episódios trágicos monopolizaram a energia do rei, abalaram seu governo. Nesse mesmo ano, são publicadas as *Cartas espirituais para todos os estados*, de João de Ávila, apóstolo da Andaluzia.

Pouco a pouco, no correr de 1579, o conflito entre calçados e descalços vai se apaziguando. Frei Angel de Salazar é nomeado vigário geral dos descalços. O próprio rei intervém. A partir do mês de julho, faz-se o acordo sobre a separação em províncias diferentes dos mitigados e dos reformados. O acordo será ratificado por Roma em 1580.

No convento de São José, onde permaneceu presa durante três anos, Teresa seguiu todo o caso com paixão. Sobretudo, ela terminou um dos seus maiores livros, as *Moradas* ou *Castelo interior*, no qual se revela, longe do tumulto dos negócios do mundo, a partida que se joga, em seu foro interior, entre sua alma e Deus.

Junho de 1579

Em junho de 1579, a grande empreendedora de viagens retoma o caminho. "Ela sempre caminhou. Sua vida não foi senão um caminhar" — diz, de maneira lapidar, um de seus biógrafos.[4]

Deixa Ávila no dia 25 de junho, passa alguns dias em Medina del Campo, chega a Valladolid no dia 3 de julho. Está, poderíamos dizer, em viagem de inspeção: "Estes mosteiros estão que é para louvar ao Senhor, em tudo" (*Cartas* 292). Todas essas etapas são evocadas em sua correspondência, que jamais se esgotou. Da guerra que se ameaça contra Portugal até a saúde de Gracián, com quem ela fica contente por saber que está "bom e gordo" (*Cartas* 189), Teresa pensa em tudo e se preocupa com todos.

No dia 30 de julho, parte de Valladolid para Salamanca. Chega aí no dia 14 de agosto, depois de uma parada em Medina del Campo e em Alba de Tormes. Espontâneas, expansivas e alegres, ou também sérias e preocupadas, suas cartas, como um diário de bordo, refletem seus estados de alma, suas ocupações, suas desenvolturas com uns e com outros, seu amor por suas religiosas, sua afeição por seus amigos e, sobretudo, sua preocupação maior: o êxito da Re-

---

[4] JOBIT, Pierre. Op. cit., p. 221.

forma que iniciou. No dia 4 de outubro de 1579, ela escreve, por exemplo, a Gracián: "Muito louvo Sua Majestade pelos bons termos em que estão os negócios: mediante a divina misericórdia já os podemos dar por acabados, e com tanta autoridade que bem mostra ser Deus quem encaminhou assim" (*Cartas* 298). E, evocando as preocupações que lhe causa a priora de Sevilha, esclarece: "Tenho lhe escrito cartas terríveis, e não é mais que malhar em ferro frio". Na mesma carta, ela se inquieta com a saúde de Gracián e lhe dá bons conselhos: "Saiba ser senhor de si para ir-se à mão, e escarmente em cabeça alheia". Ou ainda conta minuciosamente os dissabores que lhe causa, com relação ao convento de Salamanca, o vendedor que não mantém sua palavra: "Ó meu padre, e quanta lida me custa a compra desta casa! Quando estava tudo acabado, meteu-se o demônio, de maneira que ficamos sem ela; entretanto era a que mais nos convinha em Salamanca, e o vendedor fazia muito bom negócio. Não há que fiar destes filhos de Adão" (*Cartas* 298). Em poucas palavras, sempre esquartejada entre o diabo e o Bom Deus, dos quais discerne em todas as coisas os respectivos papéis e o interminável conflito, Teresa se ocupa com tudo, vela sobre tudo. Essa sua imagem, tão animada, tão viva, tão humana, a espelha de um modo perfeito. Não menos que João da Cruz, Teresa não é uma santa enfiada em devoções. Mas nela, como também em são João da Cruz, a viva fonte dessa atividade, deste elã, desses esforços muitas vezes heróicos para atingir a meta fixada, está no diálogo íntimo e permanente que não deixa de entreter com aquele que mora em sua alma. Um breve poema seu o recorda:

Feliz aquele que ama a Deus

Ditoso o coração enamorado
Que só em Deus coloca o pensamento;
Por ele renuncia a todo o criado,
Nele acha glória, paz, contentamento.

Vive até de si mesmo descuidado,
Pois no seu Deus traz todo o seu intento.
E assim transpõe sereno e jubiloso
As ondas deste mar tempestuoso.[5]

Teresa prossegue seu caminho: Ávila, Toledo, Malagón. Várias cartas enviadas de Malagón, entre dezembro de 1579 e fevereiro de 1580, mostram-na sempre atarefada, ocupando-se em especial da transferência das religiosas para seu novo convento. Escreve com pressa, sem reler, esmaltando suas narrações de imagens sugestivas: "Foi a transladação com muito regozijo, porque trouxeram da outra casa em procissão o Santíssimo Sacramento. Estavam muito alegres, pareciam lagartixas que saíam a apanhar o sol do verão" (*Cartas* 303). A Gracián, mais que a qualquer outra pessoa, ela se confia com espontaneidade e confiança: "Confesso a Vossa Mercê, há aqui uma grande comodidade para mim, que desejo há muitos anos; pois, embora o meu natural sinta a solidão pela falta de quem lhe costuma dar alívio, a alma descansa" (*Cartas* 305). A frei Nicolás Doria,

---

[5] Texto original: Feliz el que ama a Dios: "Dichoso el corazón enamorado/ Que en sólo Dios ha puesto el pensamiento,/ Por Él renuncia todo lo criado,/ Y en Él halla su gloria y su contento.// Aun de si mismo vive descuidado,/ Porque en su Dios está todo su intento,/ Y así alegre pasa y muy gozoso/ Las ondas deste mar tempestuoso". (N.T.)

então prior de Pastrana, envia várias cartas, que são como uma espécie de longos relatórios sobre a administração do convento. Escolha e governo da priora, papel dos confessores, questões administrativas ou questões espirituais. Nenhum detalhe lhe escapa. Sempre atenta ao clima de paz que deve reinar nos conventos e à boa compreensão entre as pessoas, ela deixa bem claro um ponto muito importante: "Muito mais valeria não fundar, do que levar melancólicas que estraguem a casa" (*Cartas* 307).

A Ana de Santo Alberto, priora de Caravaca, exprime por duas vezes sua opinião sobre João da Cruz: "Filha, procurarei que padre frei João da Cruz passe por aí. Faça de conta que sou eu; abram-lhe com franqueza as suas almas. Consolem-se com ele, que é alma a quem Deus comunica o seu Espírito" (*Cartas* 308). "Filha, aí vai padre frei João da Cruz; tratem com ele de suas almas com franqueza nesse convento, como se fora eu mesma, porque tem espírito de Nosso Senhor" (*Cartas* 309).

Villanueva de la Jara (fevereiro de 1580)

No dia 25 de fevereiro de 1580, dá-se a décima terceira fundação, em Villanueva de la Jara, uma aldeia nos confins da Mancha.

Uma parada no mosteiro do Bom Socorro, a três léguas de Villanueva, dá a Teresa a ocasião de narrar a vida espantosa de Catalina de Cardona, fundadora dessa casa.

Essa dama de altíssima nobreza, fugindo dos prazeres do mundo, ébria de Deus, viveu durante oito anos a mais rigorosa vida eremítica. Morando numa minúscula caverna, nutria-se de ervas, de raízes ou, de tempos em tempos, de tortinhas de pão ou de sardinhas. Vivia entregue a duras

108

penitências, era alvo da perseguição dos demônios, "que lhe apareciam como grandes cães, que lhe punham as patas no ombro, e como serpentes. Ela, contudo, não os temia" (*Fundações* 28,27). Em oração, veio-lhe a inspiração de fundar um mosteiro de frades carmelitas descalços. Em Pastrana, ela mesma recebeu o hábito de Nossa Senhora do Carmo. Venerada como uma santa durante sua vida, as multidões de peregrinos acorriam para vê-la. Teresa conta da maneira mais simples do mundo os acontecimentos extraordinários sobrevindos àquela a quem chamava "a santa Cardona" (*Fundações* 28,32), falecida por volta de 1577, e lamenta-se não a ter podido conhecê-la. Um dia, enquanto estava em profundo recolhimento na igreja do mosteiro, Teresa teve um arroubamento: "Em visão intelectual, vi representada essa santa mulher em forma de corpo glorificado na companhia de alguns anjos. Disse-me que não me deixasse vencer pelo cansaço, mas que levasse adiante as fundações. Entendi, embora ela não me desse sinais, que me ajudava junto a Deus" (*Fundações* 28,36).

Deu-se a fundação. "Era tanta a alegria do povo que foi para mim um grande contentamento ver o prazer com que se recebia a Ordem da Virgem Sacratíssima, Senhora nossa" (*Fundações* 28,37). As seis novas carmelitas eram as beatas do eremitério que tinham vivido na mais extrema pobreza, lendo livros de Luís de Granada e de Pedro de Alcântara. "[...] tenho por muito maior tesouro o estarem almas como essas na casa do que terem renda, e espero que a casa vá muito adiante" (*Fundações* 28,39).

De volta a Toledo, no final do mês de março, Teresa cai gravemente doente. "Desde Quinta-feira Santa deu-me um acidente — escreve —, dos grandes que tenho tido em minha vida, de paralisia e coração. Deixou-me até agora com febre (ainda não passou) e com tal indisposição e fraqueza, que muito fiz em poder ir falar com frei Nicolao" (*Cartas* 322) — Teresa assim chamava frei Nicolás Doria.

No dia 5 de maio, descreve assim seu estado de saúde: "Só me resta fraqueza, porque passei um mês terrível, embora tenha agüentado de pé a maior parte; pois, como estou acostumada a sempre padecer, mesmo sentindo-me muito mal, parecia-me poder fazer assim. Asseguro-lhe que pensei morrer, conquanto não estivesse bem certa; e não se me dava mais morrer que de viver. Esta mercê fez-me Deus agora, e tenho-a em grande conta, porque me lembro do medo que em outros tempos costumava ter" (*Cartas* 327). Porém, sem mais deter-se sobre si mesma, Teresa fala novamente dos negócios da Ordem. Ignora que, no dia 14 de abril, a separação das províncias dos mitigados e dos descalços foi decidida em Roma. O papa Gregório VII expedirá o Breve apenas em 22 de junho.

Em Segóvia, Teresa fica sabendo da morte repentina de seu irmão Lorenzo, ocorrida no dia 26 de junho, em sua propriedade de la Serna, não longe de Ávila. Amava muito a esse seu irmão, antigo conquistador, que ajudou a Reforma com sua fortuna, dado a uma grande devoção, em seus últimos anos, guiado por sua irmã. "Sua oração era contínua; andava sempre na presença de Deus, e Sua Majestade lhe fazia tantas mercês, que eu algumas vezes me espantava. À penitência tinha muita inclinação e fazia além do que eu queria; porque tudo comunicava comigo" (*Cartas* 334).

Depois, Teresa prossegue seu caminho: Medina del Campo, Valladolid. Aí cai ainda gravemente doente. Pensa-se que vai morrer. Suas cartas, no entanto, mostram-na preocupada com todos, cuidadosa no que diz respeito tanto às coisas materiais quanto às espirituais. "[...] deixem-se nas mãos de Deus para que se cumpra sua vontade a este respeito. A perfeição é essa; o demais poderia ser tentação" (*Cartas* 348). Esse conselho que ela dá a duas jovens que querem se tornar carmelitas sem o consentimento do pai revela, sem dúvida, então seu próprio estado de espírito. Guiada por sua inspiração, extenuada, ela ainda vai criar, levar a cabo e realizar duas fundações.

CAPÍTULO 9

1580-1582

Palência (dezembro de 1580)

A cinqüenta quilômetros ao norte de Valladolid, Palência fora célebre, na Idade Média, por causa da primeira universidade da Espanha que aí foi fundada por Afonso VIII, em 1208. Além disso, também devido à antiga igreja do convento dominicano de San Pablo, reconstruída no século XV, à igreja de San Miguel, do início do século XIII, e à catedral, de estilo gótico, erguida entre 1321 e 1516, sobre as ruínas de uma capela visigótica, que contém, em particular, esculturas em pedra de Gil de Siloé e um quadro representando são Sebastião por el Greco.

A fundação se deu no dia 29 de dezembro, no eremitério de Nossa Senhora da Rua. "Quando a casa ficou pronta, o bispo quis que a mudança das monjas para lá tivesse grande solenidade; e assim, num dia da oitava do Santíssimo Sacramento, o próprio bispo veio de Valladolid e se uniu ao Cabido e às Ordens, e a quase todo o lugar, tendo havido muita música. Partimos em procissão da casa em que nos encontrávamos, com nossas capas brancas e os véus caídos sobre o rosto, e dirigimo-nos a uma paróquia que ficava perto da casa de Nossa Senhora, cuja imagem também vinha ao nosso encontro, e dali levamos o Santíssimo Sacramento e o pusemos na igreja com muita solenidade e ordem, causando-

113

nos muita devoção. Iam mais monjas, que tinham vindo para a fundação de Sória, todas seguindo com velas na mão. Creio que o Senhor foi muito louvado naquele dia e naquele lugar. Queira ele sê-lo sempre por todas as criaturas, amém, amém!" (*Fundações* 29,29).

No início do mês de março de 1580, no Capítulo de Alcalá de Henares, as Constituições dos conventos das descalças são confirmadas. Preferido por unanimidade a Antônio de Jesus, Gracián é eleito provincial. De Palência, Teresa lhe escreve no dia 23 de março. Alegra-se por ter visto com seus próprios olhos o Breve de 22 de junho outorgando a separação das províncias. Tem pressa de ver impressas as constituições. Enfim, tudo se arranja. Tudo isso lhe parece um sonho. Ela se dirige, no entanto, ao novo provincial com um pedido, um "presente de Páscoa": "Saiba que há algum tempo, consolando eu a frei João da Cruz do desgosto de ver-se em Andaluzia, pois não pode agüentar aquela gente, prometi-lhe que, se Deus nos concedesse província, procuraria fazer que voltasse para cá. Pede-me agora o cumprimento da palavra, e tem medo de ser eleito em Baeza. Em sua carta suplica a Vossa Paternidade que o não confirme. Se é coisa possível, justo é consolá-lo, pois está farto de padecer" (*Cartas* 366). João da Cruz não conseguiu o que desejava; ele foi eleito prior do convento de Los Mártires, em Granada.

Sória (junho de 1580)

Acompanhada de sete religiosas e de dois carmelitas descalços, Teresa parte para Sória. Depois de uma parada em Burgo de Osma, onde o pequeno grupo passa a noite numa igreja, que "não foi ruim" (*Fundações* 30,7), os viajantes chegam a Sória. A fundação ocorreu no dia 3 de junho, festa da Transfiguração. "Foi dita a primeira missa na igreja, com muita solenidade e gente. Pregou um padre da Companhia [...]" (*Fundações* 30,9).

De Palência a Sória, a distância ultrapassa duzentos quilômetros. Graças à escolta enviada pelo bispo de Burgo de Osma, a viagem se fez sem muitas dificuldades.

A mais de mil metros de altitude, rodeada de montanhas, na borda do Douro que nasce não longe dali, Sória, no século X, foi a ponta do reino de Castela diante do invasor muçulmano, tal como o recorda sua divisa *Soria pura, cabeza de Extremadura*. O convento carmelita onde Teresa reside, antigo palácio de Beamonte, não está muito distante da catedral de San Pedro, igreja gótica com um belo claustro romano. À parte o vasto palácio dos condes de Gómara, que foi terminado só em 1592, a cidade possui monumentos romanos muito belos, marcados pela influência dos mouros, que eram particularmente numerosos nesta região. Mais abaixo, o convento de San Juan de Duero, fundado pelos hospitaleiros de São João de Jerusalém, também guarda o traço da arte muçulmana nas elegantes arcadas das galerias do claustro. A alguns quilômetros ao nordeste, as ruínas de Numance relembram o cerco heróico sustentado por seus defensores contra as legiões romanas, em 133 a.C. Admirável por seus monumentos, sua coloração ocre e avermelhada, seu perfil austero e pela planície árida onde se ergue, Sória inspira tanto os pintores como os poetas. Grandes autores cantaram-na: Gustavo Adolfo Bécquer, Antonio Machado, Gerardo Diego. O viajante enamorado da Espanha lembra-se destes versos dos *Campos de Castela* de Antonio Machado, que aqui viveu alguns anos:

Sória do frio, Sória pura
capital da Estremadura
com seu castelo guerreiro
caindo em ruína, sobre o Douro;
com suas muralhas roídas
e suas casas todas enegrecidas [...].

A fundação do convento de Sória não passou por nenhuma dificuldade particular. A partir de 16 de junho, Teresa retoma o percurso de Ávila, "com grande calor, e o caminho era muito ruim para carroças" (*Fundações* 30,12).

Priora em Ávila

No dia 10 de setembro de 1581, Teresa novamente é nomeada priora no convento de São José. Os últimos meses foram dedicados a vários negócios relacionados à Ordem. Teresa sente-se cansada de todas essas viagens. No entanto, ainda tem esperança de fazer outra fundação em Madri. Em todos os planos, do mais espiritual ao mais corriqueiro, ela vai desdobrando sua energia. A um de seus correspondentes, o bispo Sancho Dávila, numa mesma carta, dá conselhos para sua dor de dente e avisos muito esclarecedores a fim de ajudá-lo a "ir crescendo no seu amor [a Deus]" (*Cartas* 389). Sua saúde causa preocupação. De fato, seus sofrimentos não conhecem trégua. Mas ela continua a velar sobre tudo. Para o bom andamento de suas fundações, nenhum detalhe deve ser negligenciado. O bom velho padre Julián de Ávila, fiel companheiro de sempre, demora-se muitas vezes em conversinhas com as monjas de São José: "Ó meu padre! — escreve a Gracián — Quão desabrido anda Julián. Não há jeito de impedir — a não ser por rogos — que Mariana [uma monja] lhe fale cada vez que lhe apraz. Tudo é santo, mas Deus me livre de confessores de muito anos! Será uma felicidade se conseguirmos desarraigar isso" (*Cartas* 390).

No mês de novembro, a duquesa de Alba envia à madre uma cópia que ela fez do *Livro da vida*, que esta remeterá um pouco mais tarde para Pedro de Castro, cônego de Ávila, para que o examine. Contudo, esses males do corpo não cessam. E a pobreza reina em São José. A priora se debate com assuntos de dinheiro, testamento, pagamentos, somas a receber...

No fim do mês de novembro, Teresa recebe a visita de João da Cruz, vindo de Baeza. Ele a convida para o acompanhar na fundação de um convento em Granada. Teresa deve ir à fundação de Burgos e, então, não pode aceitar. João da Cruz, com algumas monjas, deixa Ávila no dia 29 de novembro rumo a Granada.

Esse último encontro de Teresa com João está marcado de melancolia. Duas rápidas alusões a João da Cruz, em duas cartas de Teresa com datas de 28 e 29 de novembro de 1581, suscitaram interpretações diversas. "Gostaríamos de pensar — escreve Marcel Lepée — que, penetrando de uma só vez o futuro e o fundo dessa alma que compreendia tão bem os segredos da sua, ela tivesse tido o sentimento de que estava à sua frente aquele cuja influência, santidade e escritos se conjugariam um dia com os seus, tanto para colocar em plena luz, como para salvar para sempre o espírito do Carmelo. Contudo, nada o permite afirmar. 'Cansada estou eu de falar esta tarde com um padre da Ordem, embora ele me tenha poupado um mensageiro que ia enviar à marquesa, porque passa por Escalona'. Deus não tinha desejado que ela tivesse essa felicidade. Solidão!".[1]

---

[1] Lepée, Marcel. *Sainte Thérèse d'Avila mystique*. Paris, Desclée de Brouwer, 1951. p. 269.

Marcelle Auclair explica a aparente indiferença da madre considerando as apreensões que a preocupavam então, em particular a necessidade de dinheiro sentida por Gracián para pagar a impressão das Constituições. "[...] e ela esquecia tudo o mais, mesmo o bom frei João. As mulheres de ação — como, aliás, os homens do mesmo tipo — experimentam esses eclipses da sensibilidade quando se deixam obcecar por uma idéia que trazem na cabeça."[2]

Pode ser. Mas isso não impede que esse último encontro entre os dois grandes santos do Carmelo da primeira Regra seja um tanto decepcionante... Dir-se-ia que, de repente, entre esses dois seres de exceção, uma tela se tenha interposto. Cada um precisou, então, fazer a experiência amarga da solidão interior, da difícil comunicação... "As testemunhas nada dizem dos sentimentos da madre Teresa nem do desgosto de frei João. Mas basta conhecer aquele a quem a fundadora chamava 'o meu Senequinha' para compreender que, se ele desconfiava tanto dos impulsos do coração, era porque tinha o seu extremamente sensível. Transbordava de alegria quando ia ao encontro da madre, e o seu desapontamento foi infinitamente amargo: amava-a mais do que jamais o dera a entender".[3]

Assistida por sua fiel companheira Ana de San Bartolomé, sempre se preocupando com todos os negócios dos mosteiros, ou com questões familiares, alegrando-se com a próxima chegada de Gracián, por quem ela não deixa de testemunhar sua afeição, Teresa termina o ano assim. No dia 8 de janeiro de 1582, de Medina del Campo, escreve a Dionísio Ruiz de la Pena, confessor do cardeal Quiroga:

---

[2] AUCLAIR, Marcelle. Op. cit., p. 357.

[3] Ibid.

"De nenhum modo pensei em sair de Ávila, a não ser para a fundação de Madri. Foi, porém, Nosso Senhor quem inspirou em algumas pessoas de Burgos tamanho desejo de fundar ali um desses mosteiros, que alcançaram licença do Arcebispo e da cidade, e vou com algumas irmãs fazer essa fundação, que assim o quer a obediência e a Nosso Senhor apraz que me custe mais trabalho" (*Cartas* 411).

Teresa não pensava expressar-se tão bem com relação aos trabalhos. Para a fundação de Burgos, a última que realiza, os obstáculos se multiplicaram. A viagem foi extenuante. O estado de saúde da fundadora era deplorável. As autorizações não foram obtidas senão depois de laboriosas negociações.

Burgos (abril de 1582)

Acompanhada de Gracián, de Ana de San Bartolomé, de sua sobrinha Teresita (a filha de seu irmão Lorenzo) e de algumas religiosas, Teresa chega a Burgos no dia 26 de janeiro de 1582. No dia 6 de fevereiro, escreve: "Faz doze dias que cheguei, e ainda não se deu início à fundação, por haver algumas contradições; é mais ou menos o que se passou aí [...]. Pelo caminho se nos ofereceram numerosos perigos, porque o tempo estava péssimo, e os arroios e rios, tão cheios que era temeridade viajar. Deve ter-me feito algum mal, pois desde Valladolid vim com uma dor de garganta muito forte, que ainda me dura, e, apesar dos remédios que aplicaram, não passou de todo. Já estou melhor, mas não posso comer coisa de mastigar" (*Cartas* 415).

A tropazinha de viajantes tinha percorrido mais de duzentos e cinqüenta quilômetros de caminhos difíceis. Sem dúvida, foram guiados, na última etapa, pelas flechas pontiagudas e dentadas da célebre catedral de estilo gótico florido, cuja construção Ferdinando III inaugurara em 1221, sendo terminada dois séculos mais tarde. A famosa torre-lanterna da encruzilhada, que tinha desabado, já estava reconstruída havia cerca de trinta anos quando da chegada de Teresa. Burgos, a antiga capital do condado de Castela de Fernán Gonzáles, gloriosa no tempo da reconquista sobre os mouros, não foi destituída de seu título de primeira cidade do reino cristão senão em 1492, em favor de Valladolid. Exaltada desde o fim do século XII, a figura de *o Cid*, aureolada de lendas, dá seu prestígio à velha cidade castelhana. Próspera e animada, centro comercial dos grandes criadores de gado da Mesta, a cidade, a partir dos últimos anos do século XVI, não tardaria a conhecer diversos desastres (peste, inundação, ruína da Mesta), que a arrastaram a seu declínio. No entanto, até hoje, Burgos permaneceu a guardiã dos valores morais e das tradições espirituais da velha Espanha.

Fazendo a narração dessa fundação particularmente difícil, Teresa solta esta exclamação, que poderia ser aplicada a muitas circunstâncias de sua vida: "Ó Senhor meu! Quão certo é pagardes logo com grandes tribulações quem vos faz um serviço! E que recompensa tão preciosa seria isso, para quem vos ama, se logo pudesse entender o seu valor!" (*Fundações* 31,22).

Todavia, sempre encorajada por sua voz interior que lhe diz, de modo especial, estas palavras: "Agora, Teresa, sê forte" (*Fundações* 31,26), a madre, com a ajuda de alguns benfeitores, chegou ao fim de suas penas. A fundação se deu no dia 19 de abril de 1582. Teresa exprime seu alívio com uma rica metáfora: "Só mesmo quem passa por isso pode compreender o prazer que temos nessas fundações quando por fim nos vemos enclausuradas, em lugar onde não entram pessoas seculares; pois, por mais que gostemos delas, isso não basta para que não encontremos grande consolo em nos vermos a sós. Isso me lembra os peixes do rio que, quando apanhados na rede, só podem voltar a viver se lançados outra vez na água; porque assim são as almas que nadam nas correntes do seu Esposo: tiradas dali pelas redes das coisas do mundo, não vivem verdadeiramente senão quando se vêem outra vez ali. Vejo sempre isso em todas essas irmãs e o sei por experiência" (*Fundações* 31,46).

Preocupada com a questão das rendas do novo mosteiro, Teresa escuta de súbito a voz interior que sempre a guia: "[...] depois de comungar, eu estava pensando nisso quando o Senhor me disse: 'Por que duvidas? Isto já está terminado e bem podes partir'. Ele me fazia entender que não lhes faltaria o necessário" (*Fundações* 31,49). Imediatamente, ela retoma o caminho. Deseja fundar um novo mosteiro em Madri.

A partida de Burgos se deu no dia 26 de julho. Depois de uma parada em Palência, Teresa chega a Valladolid. Depara-se com a possibilidade de ir a Toledo: "De minha ida para aí não sei como se fará agora, porque se espantariam de ver os trabalhos que tenho por cá, com negócios que acabam comigo; mas Deus tudo pode fazer. Encomendem-no a Sua Majestade" (*Cartas* 441).

Pela metade de setembro, Teresa está em Medina del Campo, sempre muito ocupada, fazendo projetos de viagem, cuidadosa com a fundação de Madri. Recebe, então, a ordem de frei Antônio de Jesus, feito vigário provincial, de ir a Alba de Tormes, onde a duquesa de Alba exige sua presença. Ana de San Bartolomé testemunhou que Teresa ficou desolada com essa ordem que não se esperava. Mas obedeceu.

Depois de uma viagem sofrida, Teresa chega ao convento de Alba de Tormes, no dia 20 de setembro, ao cair da tarde, moída de cansaço. Será nesse mosteiro da Anunciação de Nossa Senhora do Carmelo que ela vai viver seus últimos dias. Ainda tem forças e energia suficientes para tratar de diversos assuntos, receber o reitor dos carmelitas descalços de Salamanca, preocupar-se com a indigência e pobreza do convento de São José de Ávila, onde deseja terminar seus dias.

Desde 1º de outubro, a madre deve ficar de cama. Vômitos, hemorragias, acessos de paralisia... Os males redobram, o esgotamento é intenso. O frio está forte. Transportam-na para um cômodo mais abrigado, cuja janela dá para o claustro.

Assistida por Ana de San Bartolomé e por outras duas monjas, Teresa está rodeada de algumas presenças familiares: Teresita, sua sobrinha tão amada; Juana del Espíritu Santo, priora do convento; frei Antônio de Jesus e antigas companheiras de sua vida religiosa.

Segundo certos testemunhos, aconteceram fenômenos estranhos durante esses dias, tanto no convento de Alba de Tormes como em outras cidades. A janela do quarto para onde Teresa teria sido levada iluminou-se com uma luz cintilante. Uma monja teve a visão de uma multidão de santos mártires adentrando pelo claustro até a cabeceira da madre. Outra teve a visão da santa madre no céu, junto de são Francisco. Em Segóvia, Granada, Valladolid, fenômenos semelhantes se deram.

No dia 2 de outubro, percebendo a morte chegar, Teresa confessa-se com frei Antonio, velho companheiro da Reforma do Carmelo. Recebe os últimos sacramentos.

122

Suas derradeiras recomendações às religiosas as incitam a observar a Regra e as Constituições: "[...] se as guardardes com a exatidão que deveis, não será necessário outro milagre para vos canonizar". Antes de receber a comunhão, como que levada por um impulso irreprimível, com as mãos postas, exclama: "Meu Senhor e meu Esposo! Chegou a hora desejada. Já é tempo de nos vermos, meu Amado e meu Senhor. Já é tempo de partir. Vamos em muito boa hora, cumpra-se a vossa vontade. É chegada a hora de eu sair deste desterro e de a minha alma gozar de vós tanto quanto desejei".[4]

Nada te perturbe,
Nada te espante,
Tudo passa,
Deus não muda,
A paciência
Tudo alcança;
Quem a Deus tem
Nada lhe falta:
Só Deus basta.[5]

Uma das religiosas que a rodeavam, María de San Francisco, conta-nos as palavras muitas vezes repetidas depois da comunhão: *bendito sea Dios, hijas mías, que soy hija de*

---

[4] Esse relato da morte de Teresa foi feito a partir dos testemunhos recolhidos por EFRÉN DE LA MADRE DE DIOS e STEGGING, Otger. *Tiempo y vida de Santa Teresa*. Madrid, BAC, 1977. pp. 982ss.

[5] Texto original: "Nada te turbe,/ Nada te espante,/ Todo se pasa/ Dios no se muda,/ La paciencia/ Todo lo alcanza;/ Quien a Dios tiene/ Nada le falta:/ Solo Dios basta" (Sentenças de santa Teresa encontradas em seu breviário). (N.T.)

la Iglesia (Bendito seja Deus, minhas filhas, pois sou filha da Igreja). Falava também de sua certeza de ser salva pelo sangue de Jesus Cristo.

Na tarde de 3 de outubro, recebeu a extrema-unção. Apesar dos grandes sofrimentos, ainda tinha forças suficientes para retomar os versículos dos salmos.

Durante sua agonia, a madre, antes de perder o uso da palavra, recomenda ainda uma vez a suas religiosas a observância da Regra, ou então pronuncia alguns versículos do *Miserere*.

Morreu no dia 4 de outubro, dia de são Francisco, por volta das nove horas da noite, com a cabeça entre os braços de Ana de San Bartolomé. "O Senhor — diz Ana — apareceu-me com toda a majestade e em companhia dos bem-aventurados junto aos pés de seu leito, vindo buscar sua alma. Essa visão gloriosa durou o tempo de um *credo*, de modo que tive o tempo de mudar minha pena e dor numa grande resignação, de pedir perdão ao Senhor e de lhe dizer: 'Senhor, se Vossa Majestade tivesse querido deixá-la comigo para minha consolação, seria eu a vos pedir, agora que vi sua glória, que vós não a deixeis mais um só momento aqui'. Dito isso, expirou. E sua bendita alma foi gozar de Deus como uma pomba".[6]

---

[6] Ibid., p. 987. A reforma do calendário, promulgada por Gregório XIII, fez que o dia 5 de outubro, dia das exéquias de santa Teresa, fosse 15 de outubro, data em que se comemora o aniversário de sua morte.

+

nada te turbe
nada te espante
todo se pasa
dios no se muda
la paciencia
todo lo alcanza
quien a dios tiene
nada le falta
solo dios basto

teresa de jesus

Capítulo 10

A OBRA ESCRITA

Teresa de Jesus, sem dúvida, teria ficado muito espantada se lhe tivessem dito que ela era uma escritora. Nem os temas dos quais trata (espirituais, místicos, teológicos, canônicos), nem sua maneira de escrever (espontânea, rápida, precipitada), nem a falta de cultura (a qual ela leva tão em conta), nem as ambições pessoais (nenhuma nesse campo), nem tampouco a própria concepção que se fazia, em sua época, da literatura e do escritor, poderiam tê-la levado a imaginar que estava destinada a tomar lugar entre os maiores escritores da literatura espanhola e universal. Além de seu gênio místico, do qual experimentou tantas irrefutáveis manifestações, Teresa de Jesus era dotada de um gênio literário excepcional, que poucos de seus contemporâneos puderam apreciar, pois suas obras não foram publicadas senão depois de sua morte, em 1588, através dos desvelos de frei Luis de León.

Contudo, se frei Luis de León tomou com ardor, contra seus adversários, a defesa dos escritos de Teresa, isso assim foi, em primeiro lugar, é lógico, em nome de seu valor espiritual eminente, opondo-os com razão a outras obras de sua época. Sua apologia termina nestes termos: "Assim, concluo dizendo que considero, sem nenhuma dúvida, enganados pelo demônio aqueles que não falam desses *Livros* com o respeito que lhes é devido; e que com toda a certeza é o demônio que agita suas línguas para que possam impedir dessa forma sua boa influência. Pode-se ver isso claramente, pois se fossem inspirados pelo espírito de Deus eles começariam, antes de qualquer outra coisa, por condenar *A celestina*, os livros de cavalaria e outras mil prosas ou obras cheias de vaidade e lascívia que não cessam de envenenar as almas. Mas, como não é Deus quem os inspira, não dizem nada dessas coisas que corrompem o cristianismo e os bons costumes, e denunciam aquilo em que se colhem os frutos e que conduz a Deus com grande eficácia".[1]

Frei Luis de León, ele mesmo escritor talentoso, não podia deixar de ser sensível às qualidades propriamente literárias dos escritos de Teresa. É esse o caso, com efeito, quando ele escreve: "[...] pela altura das coisas que trata e pelo modo delicado e claro com o qual as trata, ela ultrapassa muitos dos belos espíritos; e pela maneira de dizer, pela pureza e facilidade do estilo, pela graça e disposição das palavras e por uma elegância sem pretensão que seduz ao extremo, duvido que haja em nossa língua algum escrito que se iguale aos seus".[2]

* * *

É a pedido de seus confessores que Teresa escreve a narração de sua vida. A primeira redação ficou pronta em junho de 1562. Uma nova redação, incluindo a crônica da fundação de São José, foi acabada por volta de 1565. Essa versão, sob o impulso do inquisidor Francisco de Soto y Salazar, foi enviada para exame a João de Ávila, que deu um parecer favorável. Cópias do livro foram colocadas em circulação. Para se vingar de Teresa, a princesa de Éboli

---

[1] FREI LUIS DE LEÓN. *Obras completas castellanas*. Madrid, BAC, 1958. t. 1, p. 920.

[2] Ibid., p. 907. A respeito desse grande escritor, conferir o estudo de GUY, Alain. *Fray Luis de León (1528-1591)*. Paris, José Corti, 1989.

enviou uma dessas cópias ao Tribunal da Inquisição, com o pretexto de que o livro continha doutrinas perigosas. A pedido da Inquisição, frei Ibáñez redigiu um relatório muito favorável, sugerindo, contudo, que o livro não fosse impresso em vida do seu autor.

Livro das misericórdias de Deus, tal é o título que Teresa preferia dar ao livro que, de maneira ainda mais íntima, ela chamava simplesmente de *mi alma* (minha alma).

Frei Luis de León, a quem Ana de Jesus tinha confiado o manuscrito, preparará sua edição, publicada em Salamanca em 1588 e intitulada *Autobiografia*.

Os quarenta capítulos do livro se distribuem assim: a narração propriamente autobiográfica compreende os capítulos 1 a 9 (infância, adolescência, juventude, etapa espiritual até a "segunda conversão" com a idade de trinta e nove anos) e os capítulos 23 a 31 (acontecimentos externos ou espirituais dos quarenta aos quarenta e cinco anos). Os capítulos 10 a 22 contêm um verdadeiro tratado de oração. Quatro graus de oração são aí distinguidos. A alma é comparada a um jardim cujo proprietário é Deus; a água das graças divinas o irriga de quatro maneiras, segundo essa água seja tirada de um poço (*pozo*), de uma nora (*noria*), de um rio (*río*) ou provenha da chuva (*agua de lluvia*). Esse conjunto encerra-se com a descrição da humanidade de Cristo, meio da mais alta contemplação.

O capítulo 32 conta a terrível visão do inferno e o projeto que se seguiu da fundação de um convento reformado. A narração dessa fundação do convento de São José termina com o capítulo 36. Os últimos capítulos (37 a 40) relembram as graças ou favores extraordinários (revelações de certos segredos do céu, visões) recebidos por Teresa e a doutrina da salvação para as almas que ela depreende daí.

Mais que uma crônica de acontecimentos exteriores, esse livro escrito com vivacidade e paixão é, como as *Confissões* de santo Agostinho, a narrativa de uma aventura espiritual excepcional, de uma relação pessoal, íntima e apaixonada com um Deus profundamente presente e que age no destino da autora. Deus é ao mesmo tempo o interlocutor e o protagonista do livro. Mais ainda que a seus confessores — ela, aliás, o diz expressamente —, Teresa escreve "obedecendo ao Senhor que o ordenou" (*Vida* 37,1). O diálogo apaixonado, cheio de paz ou, às vezes, tempestuoso, intermitente ou contínuo, que prossegue ao longo de todas essas páginas entre uma alma e seu criador, é sem dúvida o fundamento maior desse livro de anelos e inexaurível, escrito, primeiramente, para dar glória à grandeza de Deus, às suas misericórdias e para servir ao bem das almas.

Teresa se lembra muitas vezes de sua falta de formação intelectual ou teológica, e da dificuldade da tarefa que assumiu expor: uma experiência espiritual ou mística que ela mesma é incapaz de explicar. É precisamente o contraste entre sua ignorância das belas letras e da teologia e o caráter inaudito de sua experiência que dá a esse livro espantoso seu sabor, sua riqueza, sua originalidade. Desprovida de modelo, Teresa inventa espontaneamente o estilo, a linguagem, a composição de sua narrativa. E o faz com uma naturalidade, um frescor e uma sinceridade que dão justamente a seu livro toda a sua qualidade.

Diversas descrições intituladas *Relações espirituais* ou *Relações e favores*, escritas em diversas épocas, completam o *Livro da vida* num registro mais propriamente místico.

130

Uma nora, aparelho para tirar água de poços e cisternas.

Pode-se aí juntar as *Os favores de Deus*, que datam de 1569 a 1572.[3]

Numa perspectiva mais histórica, a autobiografia de Teresa prossegue de um outro modo no *Livro das fundações*, que ela começa a redigir em 1573 e termina em 1582, pouco antes de sua morte.

A personalidade, as atividades, as relações, a espiritualidade de Teresa também se refletem de maneira intensa e muito viva em sua correspondência. Conhecemos mais de quatrocentas e cinqüenta de suas cartas ou fragmentos delas. Muitas escritas no corre-corre, cheias de repetições, de frases incompletas, numa forma sem rodeios, com palavras ou expressões figuradas ou pitorescas, essas cartas compõem o retrato mais vivo e natural de sua autora. As tonalidades que nelas se misturam, desde a reprimenda até a sedução, da confidência das doenças que a assaltam, das mil inquietações que deve enfrentar, das preocupações mais realistas às considerações mais elevadas sobre o ideal que a conduz, sobre a oração, o amor a Deus e ao próximo, tudo isso compõe o cenário concreto e o clima espiritual da existência da madre de quem o leitor logo se torna um familiar.

As *Constituições* dos conventos reformados, aprovadas em 1567 por frei Rúbeo, foram modificadas diversas vezes antes da aprovação do Capítulo de Alcalá, em 1581. Às *Constituições*, podemos acrescentar outro texto jurídico escrito em 1576, a pedido de Gracián: *Modo de visitar os conventos das carmelitas descalças*. Às normas e aos preceitos que prolongam aqui as *Constituições* se intercalam considerações

---

[3] A edição brasileira, seguindo os critérios recentemente estabelecidos, agrupa num único bloco tanto as *Relações* como *Os favores de Deus*, sob o título *Relações*. (N.T.)

de ordem espiritual ou psicológica de grande subtileza. A exposição das normas jurídicas dos novos conventos deve ser acompanhada da leitura da doutrina exposta no *Caminho de perfeição* (entre 1566 e 1569), destinado expressamente às religiosas descalças de Nossa Senhora do Carmelo da Regra primitiva. É um admirável compêndio "do amor perfeito", de uma grande exigência: "Decidi-vos, pois, irmãs; viestes para morrer por Cristo, e não para viver ao bel-prazer por ele" (*Caminhos* 10,5).

O *Castelo interior* ou *Moradas* foi redigido em alguns meses, no correr do ano de 1577, a pedido de Gracián. A oração é o fio condutor desse itinerário através das sete moradas que compõem o castelo interior, imagem da alma. Essa análise sutil das coisas do espírito, da aridez ou da melancolia ao recolhimento e à união, das provações e dos favores aos arroubos ou êxtases, leva até o matrimônio espiritual. Nesse tratado místico e pedagógico escrito na intenção das carmelitas, Teresa resume sua extraordinária aventura fundada sobre um dom de si radical e definitivo: "Sabeis o que significa ser de fato espiritual? É fazer-se escravo de Deus, marcado com o seu selo, o da cruz [...]. Já lhe entregamos toda a nossa liberdade" (7 *Castelo* 4,7). A imagem do castelo recorda tanto o ambiente dos romances de cavalaria aos quais Teresa se agarrou fortemente em sua juventude, como o cenário de Ávila e Toledo. Mas, dessa comparação, Teresa faz surgir outras imagens antes de se deter na significação essencial: "Embora não se trate senão de sete moradas, cada uma delas comporta outras: por baixo, por cima, dos lados, com lindos jardins, fontes e coisas tão deleitosas que desejareis desfazer-vos em louvores ao grande Deus, que criou este castelo à sua imagem e semelhança" (3 *Castelo*).

O conhecimento imediato de Deus, a comunicação de seu espírito, a revelação de seus mistérios, tudo isso que constitui a experiência mística inspira também, além das grandes obras de Teresa, as obras menores, como que brotadas do coração.

As *Exclamações* ou *Meditações da alma a seu Deus* (1569), escritas depois da comunhão, celebram, num tom exaltado, a grandeza e a misericórdia de Deus, a nostalgia e o desejo do encontro definitivo com ele. Aí, as súplicas se misturam: "Ó vida, que a dais a todos! Não me negueis essa água dulcíssima que prometeis aos que a querem" (*Exclamações* 9,2). À "Sabedoria que não se pode compreender" (*Exclamações* 12,2), Teresa fala também de seu transtorno na solidão ou de sua incompreensão diante da dor. Nas *Exclamações* perpassa um longo grito de amor ferido: "Morra já esse eu, e viva em mim outro que é mais do que eu e, para mim, melhor que eu, para que eu o possa servir" (*Exclamações* 17,3).

Os *Favores de Deus* (1569-1572 e 1573-1579) são anotações, transcritas com realismo, lembrando diversos "favores" divinos dos quais Teresa foi objeto: avisos, visões imaginárias, conselhos, estímulos de coragem, arroubos, visão intelectual da Trindade, da alma em estado de graça e da alma em estado de pecado, da Virgem Maria...

Anotando tudo isso, Teresa não faz mais que obedecer a uma exigência espiritual escutada em 1572, no convento da Encarnação: "Não deixes de escrever os avisos que te dou, para que não os esqueças; se queres por escrito os dos homens, por que pensas que perdes tempo em escrever os que te dou? Tempo virá em que terás necessidade de todos eles" (*Relações* 28,1). Nesse diário de alma, essa anotação escrita em Sevilha em 1575 revela um alto estado místico: "[...] estava com o espírito sobremodo elevado. O Senhor deu-me a entender que era espírito, como a alma estava então e como se devem entender as palavras do *Magnificat*: *Exultavit spiritus meus*. Não o sei dizer; parece-me que me foi dado a entender que o espírito é a parte superior da vontade" (*Relações* 29,1).

Os *Conceitos do amor de Deus* (entre 1571 e 1573) partem de alguns versículos do *Cântico dos cânticos* e dão com prodigalidade conselhos espirituais destinados às religiosas para as levar à oração de quietude e de união. Aqui, tudo se funda, como no *Cântico dos cânticos*, sobre o amor, que Teresa sugere através de uma imagem magnífica: "O amor me parece uma seta enviada pela vontade que, se for com toda a força que esta tem, livre de todas as coisas da terra, voltada apenas para Deus, deve ferir muito seriamente Sua Majestade, de modo que, cravando-se no próprio Deus, que é amor, volta dali com enormes ganhos" (*Conceitos* 6,5).

Teresa de Ávila é também autora de cerca de trinta *poesias*, todas em versos de *arte menor*, isto é, de métrica curta, dentro da tradição da poesia popular. Muitas dessas composições são glosas; outras, lamentações ou exclamações líricas; outras ainda canções litúrgicas celebrando, por exemplo, o Natal, a circuncisão de Jesus, a festa dos Reis Magos. Há ainda outras que foram compostas por ocasião da tomada de véu ou da profissão de uma religiosa. Sem dúvida, vários desses poemas foram cantados nas novas fundações. Teresa não tem o gênio poético de João da Cruz, mas suas composições poéticas, muitas vezes comovedoras pela sinceridade da emoção que exprimem, são dignas de figurar num cancioneiro piedoso da Renascença, como abundavam em seu tempo.

Diversos escritos menores se ajuntam a esse conjunto. Nenhum deles é indiferente, pois sempre encontramos aí algum reflexo da personalidade entusiasta e participante de sua autora. Nos *Avisos* às religiosas, onde se exprime à maneira de são João da Cruz em seus *Ditos de luz e amor*, temos a impressão de escutar sua voz: "Onde as pessoas são muitas, fala-se pouco"; "Do mal de alguma pessoa, nunca fale, nunca escute, a não ser que se trate de ti mesma"; "Se estás feliz, guarda-te de rires excessivamente. Que tua alegria seja humilde, modesta, afável e edificante"; "Desapegai vossos corações de todas as coisas, buscai a Deus e o encontrareis"; "Sê doce para com todos; rigorosa para contigo"; "Lembra-te de que não tens senão uma alma, de que não morrerás senão uma vez, de que não tens senão uma vida breve, uma só, que te é particular, lembra-te de que não há senão um céu, eterno [...]; então, renunciarás a muitas coisas".

Pensamentos sobre Deus

"Vinha-me de súbito [...]
tamanho sentimento da presença de Deus,
que eu de maneira alguma podia duvidar
de que o Senhor estivesse dentro de mim
ou que eu estivesse mergulhada nele" (*Vida* 10,1).

"Deus me deu num momento
a graça de entender [os favores divinos] com toda clareza
e de saber exprimi-los" (*Vida* 12,6).

"[...] Deus está em todas as coisas [...]"
(*Vida* 18,15).

"[...] a bondade de Deus, [...] é maior
que todos os males que possamos causar"
(*Vida* 19,5).

"Deus conduz as almas
por muitos caminhos e veredas"
(*Vida* 22,2).

"Muito alegra a Deus
que uma alma se sirva humildemente
do seu Filho como mediador"
(*Vida* 22,11).

"Sua Majestade tem sido o livro verdadeiro
onde tenho visto as verdades"
(*Vida* 26,5).

"Mesmo sendo ele Senhor,
posso tratá-lo como um amigo"
(*Vida* 37,5).

"Compreendi que o Senhor é a própria Verdade"
(*Vida* 40,3).

"Que grandeza a de Deus!"
(*Caminhos* 21,9).

"Ele deseja que busquemos a verdade"
(*Caminhos* 42,4).

"Ó meu Deus e minha sabedoria infinita,
sem medida, sem limites,
acima de toda compreensão angélica e humana"
(*Exclamações* 17,1).

"[...] as três pessoas da Santíssima Trindade [...]
são uma só e mesma coisa" (*Relações* 47,1).

"[...] grandeza incomparável de Deus [...]"
(*Conceitos* 4,4).

"Por que deveria a alma ficar presa
a uma única grandeza ou mistério de Deus,
tendo tanto de que se ocupar,
já que ele é infinito?"
(*Fundações* 6,7).

Santa Teresa pintada por frei João da Miséria (século XVI).

EPÍLOGO

"É uma alma a quem Deus comunica seu Espírito" (*Cartas* 308). Essas palavras que Teresa de Ávila escreveu, em janeiros de 1580, a Ana de Santo Alberto, priora de Caravaca, a propósito de João da Cruz, definem também a ela mesma.

Os dois fundadores do Carmelo Reformado tiveram uma existência permeada de provações: a pobreza, a doença, a incompreensão, a perseguição, os obstáculos e sofrimentos de toda espécie. Se João da Cruz é mais introvertido e Teresa mais expansiva, se um é mais levado a permanecer em retiro e outro mais impelido às obras, se seus temperamentos ou personalidades são, em suma, muito diferentes, se o recíproco entendimento entre ambos não foi sempre, como o imaginaria alguma lenda de santos por demais ingênua, idílica e sem nuvens, não deixa de ser verdade que eles tinham um ponto comum que os unia profundamente: a íntima comunicação que em sua alma cada um mantinha com o *totalmente Outro*.

Essa experiência imediata do Espírito, na oração ou na contemplação, no êxtase ou no mais vivo da consciência ou, para dizer tudo de uma só vez, os seus gênios místicos — pelos quais ambos são excepcionais — os reúne e caracteriza.

Teresa de Ávila quase nunca deixou de levantar suspeitas ante a Inquisição. Ela mesma se guarda muito bem de ter em consideração suas origens judaicas para não acrescentar essa outra desconfiança. Excetuando algumas pessoas próximas, em especial os religiosos, foram raros os que no círculo de João da Cruz parecem ter percebido seu verdadeiro valor. Por isso mesmo, os dois santos do Carmelo permanecem profundamente humanos.

Um último ponto ainda os reúne. Suas vidas atormentadas, dadas sem retornos à sua vocação, testemunham um mesmo fascínio diante do objeto que satisfaz todo desejo. Ademais, seus escritos falam da vertigem do absoluto. "Como será livre quem estiver distante do Sumo Bem?" (*Exclamações* 17,3), exclama Teresa de Ávila. E são João da Cruz, em um de seus poemas, canta: "Minha alma está desprendida de toda coisa criada" (*Poesia* 11). Assim de um para o outro, os ecos se prolongam, ou se amplificam, a fim de expressar a mesma palavra, a mesma paixão por Deus.

CRONOLOGIA

Ano	Na vida de Teresa de Ávila	Na história da época
1515	No dia 28 de março, nascimento de Teresa, filha de Alonso de Cepeda e Beatriz de Ahumada.	Os franceses na Itália: batalha de Marignane.
1516		Morte do rei Ferdinando, o Católico; Regência de Cisneros.
1517		Lutero: teses de Wittenberg.
1519		Hernán Cortés: início da conquista do México.
1520		Revolta dos *Comuneros*.
1522	Fuga "para a terra dos mouros" de Teresa com Rodrigo.	Guerra entre Carlos V e Francisco I; ocupação de Rhodes por Solimão, o Magnífico.
1524		Pizarro empreende a conquista dos incas.
1525		Batalha de Pavia.
1527		Saque de Roma.
1528	Morte de dona Beatriz de Ahumada.	
1529		Paz das Damas.
1530		Confissão de Augsburgo.
1531	Entrada no convento das agostinianas.	
1532	Retorno de Teresa, doente, à sua família.	
1535	No dia 2 de novembro, entrada no convento da Encarnação.	Expedição de Alger e de Túnis.
1537	No dia 3 de novembro, profissão religiosa; grave enfermidade.	
1538	Tratamento na aldeia de Becedas.	
1540		Paulo III reconhece a Companhia de Jesus.

1542		Guerra entre Carlos V e Francisco I.
1543	Morte de dom Alonso de Cepeda.	
1545-1564		Concílio de Trento.
1546		Guerra entre Carlos V e os protestantes; morte de Lutero.
1547		Nascimento de Miguel de Cervantes (morte em 1616).
1554	Segunda conversão de Teresa; encontro com Francisco de Borja.	
1556		Abdicação de Carlos V; início do reinado de Filipe II (até 1598); morte de Inácio de Loyola.
1557		Batalha de Saint-Quentin.
1558	Encontro com Pedro de Alcântara.	
1559		*Auto-de-fé* em Valladollid; o inquisidor Valdés publica um *Catálogo de livros proibidos*.
1560	Visão do inferno; decisão de fundar um convento da Regra primitiva.	
1562	Junho: término da primeira redação de sua autobiografia; 24 de agosto: fundação do convento de São José, em Ávila.	Guerra de religião na França.
1563	Primeiras *Constituições*.	
1565	Conclusão da nova redação do *Livro da vida*.	
1567	Depois de cinco anos passados no convento de São José, novas fundações; no dia 15 de agosto: Medina del Campo; primeiro encontro com João da Cruz; segunda redação do *Caminho de perfeição*.	

1568	Fundações; abril: Malagón; agosto: Valladolid; primeiro convento de frades descalços em Duruelo.	
1568-1570		Levante dos mouros; nos Países Baixos: levante do príncipe de Orange.
1569	Fundações; maio: Toledo; julho: Pastrana.	
1570	Fundações; Salamanca.	
1571	Fundações; janeiro: Alba de Tormes; outubro: Priora na Encarnação.	Batalha de Lepanto.
1572	Capelania de João da Cruz na Encarnação.	Insurreição dos Países Baixos; na França: massacre da noite de São Bartolomeu (24 de agosto).
1573	Início da redação do *Livro das fundações*.	Tomada de Túnis por João da Áustria.
1574	Fundações; março: Segóvia.	
1575	Fundações; fevereiro: Beas de Segura; maio: Sevilha; início do conflito entre carmelitas descalços e carmelitas calçados.	
1577	Redação do livro das *Moradas* ou *Castelo interior;* 3 de dezembro: rapto de João da Cruz.	
1579		Processo contra Antonio Pérez.
1580	Fundações; fevereiro: Villanueva de la Jara; dezembro: Palência; Breve da separação em províncias separadas dos carmelitas descalços e carmelitas calçados.	Anexação de Portugal.
1581	Fundações; junho: Sória.	
1582		Gregório XIII reforma o calendário.

BIBLIOGRAFIA

ABIVEN, Jean. *Orar 15 dias com Teresa de Ávila.* Aparecida, Santuário, s.d.

_____. *Thérèse d'Avila. Qui es-tu?.* Venasque, Carmel, 1999.

ALLENDESALAZAR, Mercedes. *Thérèse d'Avila, l'image au féminin.* Paris, Seuil, 2002.

ALVAREZ, Tomás & DOMINGO, Fernando. *Sainte Thérèse d'Avila*; la grande aventure des fondations. Venasque, Carmel, 1981.

AUCLAIR, Marcelle. *Santa Teresa de Ávila*; a dama errante de Deus. Porto, Apostolado da Imprensa, 1958.

_____. *Teresa de Ávila.* São Paulo, Quadrante, 1995.

BOSQUET, ALAIN. *La memoire* ou l'oubli. Paris, Grasset, 1990.

COURCELLES, Dominique de. *Thérèse d'Avila, femme d'écriture et de pouvoir.* Grenoble, Jérôme Millon, 1993.

GICQUEL, Joseph. *Les Fioretti de Sainte Thérèse d'Avila.* Paris, Cerf, 1977.

DE GOEDT, Michel. *O Cristo de Teresa de Jesus.* São Paulo, Paulinas, 1998.

GRÜN, ANSELM. Convivendo com o mal; a luta contra os demônios no monarquismo antigo. Petrópolis, Vozes, 2004.

JOBIT, PIERRE. *Thérèse d'Avila*. Paris, Bloud et Gay, 1964.

LAUZERAL, Pierre. *Une femme qui sut aimer*; Thérèse d'Avila. Paris, Téqui, 1989.

_____. *Une femme, un maître, Thérèse d'Avila*. Éditions Médiaspaul, 1981.

LÉPÉE, Marcel. *Sainte Thérèse d'Avila mystique*. Paris, Desclée de Brouwer, 1951.

_____. *Sainte Thérèse d'Avila*; le realisme chrétien. Paris, Desclée de Brouwer, 1947.

_____. *Báñez et sainte Thérèse*. Paris, Desclée de Brouwer, 1947.

MORGAIN, Stéphane-Marie. *Le chemin de perfection de Thérèse de Jésus*. Paris, Cerf, 1997.

POITREY, Jeanine. *Introduction à la lecture de Thérèse d'Avila*. Paris, Beauchesne, 1979.

RENAULT, Emmanuel. *Sainte Thérèse d'Avila et l'expérience mystique*. Paris, Seuil, 1985.

RICARD, Robert; PELISSON, Nicole. *Études sur saint Thérèse*. Paris, Centre de Recherches Hispaniques, 1968.

ROSSI, Rosa. *Teresa de Ávila*; biografia de uma escritora. Rio de Janeiro, José Olympio, 1998.

VASSE, Denis. *Leitura psicanalítica de Teresa D'Ávila*. São Paulo, Loyola, 1994.

SUMÁRIO

Abreviaturas..5

Prefácio 7

Prólogo...9

Capítulo 1 – 1515-1535...................................13

Capítulo 2 – 1535-1543...................................25

Capítulo 3 – 1543-1560...................................33

Capítulo 4 – 1560-1567...................................47

Capítulo 5 – 1567-1570...................................57
  Medina del Campo (agosto de 1567)..................58
  Malagón (abril de 1568)...............................61
  Valladolid (agosto de 1568)..........................61
  Duruelo (novembro de 1568)..........................62
  Toledo (maio de 1569)................................62
  Pastrana (junho de 1569) 66
  Salamanca (1570).....................................69

Capítulo 6 – 1570-1574...................................71
  Alba de Tormes (1571) 74
  Priora do convento da Encarnação (outubro de 1571)..76

CAPÍTULO 7 – 1574-1576 85
    Segóvia (1574) 85
    Beas de Segura (fevereiro de 1575) 87
    O encontro com Gracián 88
    Sevilha (maio de 1575) 91
    Caravaca (1576) 93

CAPÍTULO 8 – 1576-1580 97
    A luta entre frades descalços e mitigados 97
    Junho de 1579 105
    Villanueva de la Jara (fevereiro de 1580) 108

CAPÍTULO 9 – 1580-1582 113
    Palência (dezembro de 1580) 113
    Sória (junho de 1580) 114
    Priora em Ávila 116
    Burgos (abril de 1582) 119

CAPÍTULO 10 – A obra escrita 127

Epílogo 141
Cronologia 142
Bibliografia 147

Rua Dona Inácia Uchoa, 62
04110-020 – São Paulo – SP (Brasil)
Tel.: (11) 2125-3500
paulinas.com.br – editora@paulinas.com.br
Telemarketing e SAC: 0800-7010081